Familienküche Kochbuch

Leckere, einfache und nährstoffreiche Familienrezepte, die garantiert jedem schmecken

Kerstin Langer

Alle Ratschläge in diesem Buch wurden vom Autor und vom Verlag sorgfältig erwogen und geprüft. Eine Garantie kann dennoch nicht übernommen werden. Eine Haftung des Autors beziehungsweise des Verlags für jegliche Personen-, Sach- und Vermögensschäden ist daher ausgeschlossen.

Email: info@edition-lunerion.de
www.edition-lunerion.de

Psiana eCom UG
Berumer Str. 44
26844 Jemgum

Vorwort

Gemüse wird verschmäht, am liebsten soll jeden Tag das Gleiche auf den Teller, Süßigkeiten und Fastfood stehen ganz oben auf der Beliebtheitsskala: Mit diesen typischen Problemen beim Nachwuchs kämpfen viele Eltern – die beste Strategie dagegen? Es erst gar nicht so weit kommen lassen, sondern abwechslungsreiche, gesunde Nahrung von Anfang an zur Selbstverständlichkeit machen, und das klappt mit diesen Rezepten auch im turbulenten Alltag kinderleicht!

Kleckern, verschütten und nicht aufessen erlaubt: Wenn die Kleinsten das erste Mal mit am Tisch sitzen, gelten neue Spielregeln, um Karotten, Hühnchen & Co. schmackhaft zu machen. Das klappt am besten mit fröhlichem Schlemmen im Familienkreis und mit den leckeren Ideen aus diesem Kochbuch zaubern Sie in kürzester Zeit Köstlichkeiten für Groß und Klein auf den Tisch. Ob Fleisch, Fisch oder vegetarisch, ob leicht zu kauen oder Brei, ob für die ersten Essversuche oder fortgeschrittene Genießer – hier entdecken Sie verlockende Sattmacher für alle!

Guten Appetit!

INHALT

Getränke ... 109

Vom Brei zur Familienkost

Nach der Geburt und der Nährstoffversorgung mittels Muttermilch wird das Baby erst einmal ab dem 5. Monat an die Ernährung durch Brei (Gemüse, Obst sowie Getreide klein püriert) sowie ab dem 10. Monat an die Ernährung durch sogenannte Familienkost gewöhnt. Diesbezüglich wird jedes Kind sein eigenes individuelles Tempo vorgeben. Dies hängt insbesondere mit der Zahnung zusammen. Doch auch mit nur wenigen Zähnen bestückt, zerdrücken die Kleinen anfänglich mit dem Kiefer die weichen Bestandteile der Nahrung. Daher kann das Essen von fester Nahrung am Ende des ersten und zu Beginn des zweiten Lebensjahres gelernt werden. Im Leben eines Kindes ist dies nun der erste Schritt zu einer gesunden Ernährung. Doch wie sollte diese ausfallen? Es gibt drei wichtige Leitlinien dafür:

+ energiereiche Nahrung für das Wachstum (nicht zu viel Kalorien bei wenig Bewegung)
+ vitamin- sowie mineralreiches Essen, um Mangelerscheinungen vorzubeugen
+ frisches Obst/Gemüse liefert natürliche Energie und gesundheitsrelevante Inhaltsstoffe

Frische Kost dient hierbei bereits der ersten Prägung für spätere Ernährungsentwicklungen. So lässt sich in diesem frühen Stadium mit der richtigen Nahrung das Risiko für so manche Krankheit konsequent minimieren – Krebs, Diabetes sowie einige Herz-Kreislauf-Erkrankungen werden bereits im Kindesalter präventiv bekämpft. Zudem fördert eine abwechslungsreiche sowie reichhaltige Nahrung voller Inhaltsstoffe die Entwicklung der Zellen, Organe und den Stoffkreislauf. Optimierte Mischkost für Kleinkinder sollte zu 78

Prozent aus pflanzlichen Komponenten sowie Getränken bestehen. Ergänzung findet die Speisung durch etwa 17 Prozent tierische Nahrungsmittelanteile sowie nur 5 Prozent zucker- sowie fettreiche Lebensmittel.

Tipp: Desserts sollten gerade anfänglich die Besonderheit bleiben. Erstens verfügen zu viele Lebensmittel allein schon über einen eigenen Zuckergehalt. In diesem Alter wird der Bewegungsdrang zwar deutlich entwickelt, jedoch kann es zu schnell zu einer Kalorienspeicherung kommen. Andererseits sind die meisten Nachspeisen in der Regel auf Milchbasis. Ob Joghurt, Pudding oder Quark, neben dem „normalen Milchanteil" wird bereits ein hoher Kalzium-Anteil aufgenommen. Kalzium verhindert jedoch eine optimale Eisenrezeption. Die Zufuhr von Eisen stellt sich für die Kindesentwicklung als essenziell heraus. Daher sollte der Milchverzehr etwas eingeschränkt werden.

DER START IN DIE ERWACHSENE SPEISENWELT

Tatsächlich müssen Kinder das Essen lernen. Nachahmung scheint da der beste Begleiter zu sein. Was Mama und Papa essen, kann für den Schützling nur gut sein. Dabei gibt es natürlich bei der Umstellung des Babys von Brei auf Nahrung mit festen Bestandteilen einiges zu beachten. Für Eltern heißt das in den ersten Momenten auch einen kleinen Rückschritt in ihren Speisevorlieben. Das Projekt „Essen" verlangt eben für den ersten Zeitraum einen treuen Begleiter, der genau das Gleiche isst wie das Kleinkind. Bereits in diesem Alter begreift der Nachwuchs nun, dass Essen auch einer Entdeckung gleichkommt. Wird dieses Entdecken mit Freude gemeinsam erlebt, lässt sich dieser Lernprozess und die generelle Aufgeschlossenheit zu diesem Thema von Kindesbeinen an besser lernen. Noch vor wenigen Tagen Fleisch, Gemüse sowie den Hauptbestandteil Kartoffel in einem Brei bekommen, lernt das Kleinkind folglich die Einzelzutaten kennen.

Hinweis: Es ist vollkommen normal, dass Einzelkomponenten links liegen gelassen werden, während andere zu neuen Lieblingsnahrungsmitteln mutieren. In diesen Fällen sollte kein Druck des „Aufessens“ oder „Zwangsprobierens“ aufgebaut werden. Stattdessen lassen sich auch diese Komponenten immer einmal wieder in einem Gericht einfügen. Der Geschmack ändert sich bei Babys in diesem Alter sehr schnell.

Kinder lassen am Ende des ersten Jahres schnell und ziemlich offensichtlich einen kleinen Rahmen für Aktionismus erkennen. Nur den Mund zu öffnen sowie zu schlucken, verliert schnell an Reiz. Stattdessen möchte der Löffel selbst gehalten und das Verhalten der Eltern nachgeahmt werden. Aus diesem Grund stellt das gemeinsame Speisen ein enormes Potenzial bei dieser Entwicklung dar. Die Intention der eigenen Nahrungsmittelaufnahme durch das Kind sollte von Mama wie Papa daher unterstützt werden. Im Wissen um nicht immer im Mund landende Bestandteile der Mahlzeit erweist sich diese Aktivität als Grundlage des Lernens. Mitmachen, Nachahmen sowie Versuch und Irrtum stellen die Basis für die Ernährungsautonomie des Nachwuchses. Für diese Herausforderung helfen ein paar kleine, pragmatische Tipps:

+ leicht zu reinigender Untergrund

(Platzsets am Kinderstuhl, Standort mit Fliesen oder Parkett anstatt Teppich)

+ Küchenrolle oder Servietten griffbereit legen

+ wiederverwendbares Geschirr vereinfacht den Anfang im Umgang mit Teller und Tasse

+ leicht kaubare Speisen in mundgerechten Stücken

+ halbvolle Trinkbecher sind einfacher anzuheben

+ kleine Portionen schaffen spielend einfach Freude beim Aufessen

Tipp: Die richtige Portionierung sind das A und O. Kleingeschnittenes Obst oder Gemüse sollte in etwa den zwei zur Schale geformten Händen entsprechen. Dagegen gilt für die Fleischmenge der Handteller als relevante Größe. Für eine Portion Brot hingegen gilt wiederum die ausgestreckte Hand samt Fingern als Relevanz.

Zudem erweist sich eine ausgiebige Toleranz hinsichtlich verschütteten, übriggebliebenen oder unerwünschten Lebensmitteln als notwendig. Ein Lob bei gelungenen Aktionen des Kindes stellt zudem ein großes Potenzial für das Lernen dar. Generell ist die Anwesenheit mindestens eines Elternteils beim Essen Pflicht. Am besten wäre natürlich das Beisammensein aller Familienmitglieder. Dies schafft einen vertraulichen Rahmen und schützt zudem vor einem gesteigerten Risiko beim möglichen Verschlucken. Solch eine Gefahr wird überdurchschnittlich oft von kleinen sowie harten Lebensmitteln verursacht. Daher sollte auf Nüsse oder nicht vollkommen Weichgekochtes im ersten Abschnitt verzichtet werden. Wenn sich das Baby doch einmal verschluckt, wird einfach ganz vorsichtig auf den Rücken geklopft. Eine andere Ursache liegt im unbändigen Vollstopfen unter der neu gewonnenen Eigenregie beim Essen. Das Schlucken der Nahrung bei vollem Mund stellt sich dann als schwieriger heraus als gedacht. Die Mahlzeit wird in diesen Fällen meist ausgespuckt. Aus der Mittagsschale beispielsweise geht das Essen dann einfach von vorn los.

Die Tagesplanung besteht in der Regel aus einer warmen und zwei kalten Hauptmahlzeiten sowie zwei kleinen und leichten Zwischensnacks. Die warme Mahlzeit darf hierbei entweder zur typischen Mittagszeit oder zur meist familientauglichen Abendbrotzeit eingenommen werden.

Als empfehlenswerte warme Speisen für Kleinkinder gelten unter anderem diese Gerichte:

+ Reispfannen
+ Nudeln
+ Kartoffelgerichte
+ Hackbällchen
+ Auflauf
+ Fischfilet
+ Pfannkuchen

Als Ergänzung zur nährstoffreichen und dennoch leichten Ernährung fungieren die abwechslungsreichen kalten Hauptspeisen sowie Zwischensnacks. Dafür eignen sich beispielsweise folgende Mahlzeiten:

+ belegte Brote (Frischkäse, Aufstriche etc.)
+ Müsli mit frischem Obst
+ kalte Salate (Salatkopf, Nudeln, Kartoffel etc.)
+ Rosinenbrötchen
+ Obstmus

Mit dieser Orientierung wird der Schritt von der fettreichen Säuglingsernährung zur fettärmeren Kinderernährung gelingen. Parallel findet ebenso eine Reduzierung von Vollfettmilch auf teilentrahmte Milch statt. Auch der extra Zusatz von Öl zum Mittagessen muss nicht erfolgen. Das werden die ersten Schritte Richtung gesunder, abwechslungsreicher sowie nährstoffreicher Ernährung sein. Und mittels der folgenden Tricks sowie Hinweise erleben die kleinen Familienmitglieder jeden Tag Freude und auch Motivation beim Essen beziehungsweise die Eltern einen hilfreichen Leitfaden für die kindgerechte Nahrungsversorgung.

PRAKTISCHE TIPPS FÜR DEN FAMILIENTISCH

Bei der Umstellung von der Säuglingsernährung auf eine deutlich fettreduziertere Kinderernährung für eine optimale Entwicklung der Physis und des Geistes sollten einige kleine Regeln Beachtung finden. Insbesondere gilt es, auf versteckte Fette zu achten. Diese sind insbesondere in diesen Speisen enthalten:

+ Wurst

+ Käse

+ Gebäck

+ Kuchen

+ TK-Gerichte

Für die Zubereitung kann oft nicht auf Fett verzichtet werden. Nun darf das Augenmerk jedoch auf hochqualitativen Fetten liegen – beispielsweise den Omega-3-Fettsäuren. Mit dem Rapsöl zum Erhitzen sowie Walnussöl für Dressings stehen gleich zwei hervorragende Lösungen parat. Ebenso überzeugt in diesem Fall Olivenöl. Butter sowie andere tierische Fette dürfen gern rar eingesetzt werden, enthalten sie doch zu viele ungesunde Fettsäuren. Diese gesättigten Fettsäuren führen zu einer schwereren Verdauung, einer gesteigerten Einlagerung in den Zellen und sie enthalten so gut wie keine essenziellen Fette für den menschlichen Körper. Ein weiterer negativer Faktor, der vor allem die körperliche Entwicklung überdurchschnittlich hoch bestimmt, sind Süßigkeiten. Im Wissen der großen Geschmacksverlockung muss die schädliche Wirkung von zu viel Süßem und damit Zucker stets im Fokus bewahrt bleiben.

Gerade in jungen Jahren dominieren noch lange Ruhezeiten sowie kurze Aktivzeiten. Zucker und seine Spaltung in Kohlenhydrate versorgt zwar mit Energie, meist aber zu viel für den individuellen Bedarf. Wird die Energie nicht benötigt, legt sie sich leicht als Fettpölsterchen in den Zellen an. Daher ergeben sich für Kinder folgende Tagesportionen:

+ 4 Butterkekse

+ 45 g Obstkuchen

+ 1 Kugel Eis

+ 20 g Schokolade

+ 10 Chips

+ 30 g Fruchtgummi

+ 0,2 l Limonade

+ 4 TL Zucker

Hinweis: Bei der oben genannten Auswahl handelt es sich nicht um eine Zusammenstellung möglicher süßer Belohnungen. Wenn zwei Butterkekse am Vormittag Trumpf sein sollten, ist die Hälfte der Menge der Tagesempfehlung bereits zu sich genommen worden. Dann stehen für den Nachmittag beispielsweise nur 15 g Gummi oder 10 g Schokolade zur Verfügung. Die Angaben sind als Vergleichswerte gewählt und sind ausschließlich – als ODER – zu verstehen.

Des Weiteren liegt der Blick auf einer ausreichenden Versorgung von kritischen Nährstoffen. Darunter fällt beispielsweise das Vitamin D. Da unsere Haut diesen Stoff bei ausreichend Sonnenlichtbestrahlung selbst herstellen kann, rät es sich zu stetigen Spaziergängen unter freiem Himmel. Dabei wirken sich Sonnenstand sowie Jahreszeit auf diese Produktion aus – 15 – 30 Minuten sollten dennoch allemal realisierbar sein.

Und auch Jod für die Schilddrüsenentwicklung stellt eine relevante Komponente dar. Meersalz sollte daher mit Jod angereichert werden, da die Herstellung normalen Salzes viel zu wenig Jod liefert. Insbesondere Fischspeisen stellen gute Jodlieferanten dar. Eine weitere wichtige Komponente in der Kinderentwicklung stellt die Eisenversorgung dar. Für die Blutbildung sowie den sehr wichtigen Aufbau eines intakten Immunsystems darf Eisenzufuhr nicht fehlen. Fleisch beispielsweise verfügt über ausreichend sofort verfügbares Hämeisen – der Körper kann es direkt verwenden. In pflanzlichen Lebensmitteln wie Getreide sowie Gemüse befinden sich ebenso reichhaltige Eisenlager. Da das Eisen hier nicht als Hämeisen vorliegt, wird die Verwertung weniger effektiv erfolgen. Jedoch lässt sich dies spielend einfach mit Inhaltsstoffen wie Zitronensäure beziehungsweise Milchsäure ausgleichen. Obst sowie Säfte in Verbindung mit den eisenhaltigen vegetarischen Nahrungsmitteln ermöglichen somit dem Körper dennoch eine optimierte Eisennutzung. Zu viel Calcium oder Phosphat, Mais oder Soja sowie Kaffee oder Tee hemmen wiederum diese Effektivität.

Hinweis: Vitamin B12 ist lebenswichtig für eine optimale neurologische Entwicklung. Die Hauptquelle hierfür ist im Fleisch anzusehen. Daher verfügen Mütter, die sich vegan ernähren, bereits über einen Mangel dieses Vitamins. In der Muttermilch wird der Anteil so gering ausfallen, dass bei deren Babys oft ein klinischer B12-Mangel festgestellt wird. Ein neurologischer Schaden aufgrund dieses Defizits führt jedoch stets zu irreversiblen Schäden. Eine Lösung, ohne die eigene Ernährungsphilosophie über Bord zu werfen, besteht in der Verwendung von Supplementen.

Beim Thema Kinderernährung stellen sich verschiedene Fragen, von denen hier einige beantwortet werden sollen:

Die richtige Menge an Essen/Trinken

Kleinkinder verfügen genauso wie Babys noch über die Selbstregulation. Wenn das Kind zum Mittag etwas zu viel gegessen hat, wird es bei der Vesper gar nichts oder beim Abendbrot einfach automatisch weniger essen. Die Bedeutung des Reizes von außen auf das Essverhalten wird erst in späteren Jahren erfolgen. Daher ist der Freiraum für Kleinkinder ein wichtiges Instrument zur Bestimmung der richtigen Menge. Das Speisenverhalten von schlechten Essern sollte an feste Zeiten gebunden sein. Folglich wird am besten auf Zwischensnacks verzichtet.

Tipp: Kinder senden im Prinzip stets Sättigungsrituale. Das macht das Essverhalten am Tisch einfacher und übersichtlicher. Ein zugepresster Mund oder das Wegdrehen des Kopfes sollten richtig verstanden werden.

Zusätzlich gilt es, Spiel- und Essenszeiten strikt zu trennen. Das Ablenken mit Spielzeug am Speisetisch wird sich nicht als förderlich erweisen. Ist die Nachtroutine mit Flasche noch nicht abtrainiert, entwickeln Kinder tagsüber weniger Hungergefühle. Dies wird sich ändern, dem Kind wird in der Praxis am besten das Selbstwahlrecht nach der Essensmenge gewährt. Da parallel stets die professionelle Betrachtung der körperlichen Entwicklung durch den Kinderarzt erfolgen sollte, lassen sich Rationen auch aus der kompetenten Sicht leicht angleichen. Benötigt eine Mahlzeit mehr als 45 Minuten oder kündigt sich regelmäßig bereits nach zwei Stunden erneut an, bedarf es ärztlicher Unterstützung. Dies gilt ebenso bei stetem Aufstoßen oder Erbrechen der Speisen.

Wahl der geeigneten Milch für Kleinkinder

Im ersten Jahr dominiert die Muttermilch, die langsam ersetzt wird. Oft holen sich Kleinkinder neben Anfangsnahrung noch zusätzliche Energie direkt von der Mutter. Das sollten beide Seiten wollen. Danach wird die Fertigmilch – als Anfangs- oder Folgenahrung – diesen präsenten Platz einnehmen. Alternativ steht hierfür eine Kleinkindermilch zur Verfügung. Diese zwei Varianten zeichnen sich durch eine Proteinreduzierung im Vergleich zu üblicher Kuhmilch aus. Zudem sind sie mit den oben bereits erwähnten Nährstoffen Vitamin D, Eisen sowie Jod angereichert. Kuhmilch wiederum besteht aus viel Eiweiß. Daher sollte die Tagesmenge von 300 g – inklusive eingenommener Milchprodukte wie Joghurt, Käse etc. – nicht überschritten werden.

Hinweis: Kinder trinken aus Flaschen in der Regel mehr als aus Bechern. Daher eignet sich die reduzierte Milch vor allem auch für den Flaschenbezug.
Tipp: Aromatisierte Milchvariationen sind tabu. Bereits im jungen Alter sollte ein natürlicher Geschmack unterstützt werden. Fruchtpulver sowie Vanillin verschieben die Erfahrungen nicht nur bei Getränken.

Umgang mit Fertiggerichten

TK-Gerichte und Fast Food stehen bei Teenagern im Trend. Kleinkindern ist diese Welt noch unbekannt, deshalb fördert eine frische Zubereitung einerseits die spätere Einstellung zum Convenience-Food. Dank der minimalen Mengen für die Kleinkinder und eine gewisse Einschränkung hinsichtlich der empfehlenswerten Zutaten zeichnen sich Fertiggerichte nicht als die besondere Verlockung bezüglich der Ernährung kleiner Kinder aus.

Tipp: Fertiggerichte stellen bei Zeitnot schnelle Lösungen für den Mittagstisch dar. Sollten solche Angebote in Anspruch genommen werden, lassen sich diese Notmahlzeiten durch frische Zusätze wie Pilze, zugefügtes Gemüse oder einfach passende Kräuter aufwerten. Desserts lassen sich mit frischem Obst strecken.

Gemäß einigen Untersuchungen über die letzten Dekaden konnte außerdem klar verzeichnet werden, dass Fertiggerichte über einen deutlichen Mangel an Nährstoffen im Vergleich zu frisch zubereiteten Alternativen offenbarten. Vor allem stellen sich die Konservierungsstoffe und Geschmackszusatzstoffe als irreführend im Geschmack sowie als gesundheitsschädlich über einen längeren Zeitraum heraus. Sie werden merken, dass die später im Buch aufgeführten Speisenvorschläge in den Rezeptteilen nicht bedeutend teurer oder zeitaufwendiger sind. Dafür erhält die gesamte Familie eine geschmacksintensive und nährstoffreiche Abwechslung, die vorproduzierte Speisen nicht aufbringen. Zudem lässt sich hierbei stets auf individuelle Vorlieben zurückgreifen und so manches Gericht abwandeln.

Tipp: Bereiten Sie selbst Fertiggerichte vor. Frisch zubereitete Gerichte in größeren Mengen können portionsweise eingefroren werden. So lässt sich mittels Meal Prep Verfahren auch die vollste Arbeitswoche effizient planen und der gemeinsame Essenstisch wertvoll und gesund realisieren.

Preiswerte gesunde Küche

In Betrachtung vorheriger Generationen gibt der Durchschnitt weniger Geld für Nahrungsmittel aus als je zuvor. Dies wird zum einen durch die Massenangebote der Discounter begünstigt. Andererseits ist das Qualitätsbewusstsein für Lebensmittel auch drastisch gesunken. Oft wird aufgrund der einfachen Vorstellung schneller Aufwärmung im Ofen zu den Fertiggerichten gegriffen. Abgesehen vom fehlenden Geschmackserlebnis durch standardisierte Würzung für jedermann, steht das Essen tatsächlich in bis zu 20 Minuten auf dem Tisch. Wie viel Zeit beansprucht ein frisch zubereitetes Mittagessen?

Wer in 20 Minuten die aufgewärmte Standardpizza favorisiert, behält zwar tendenziell recht, wird aber mit den vergleichsweise durchschnittlichen 30 Minuten einer selbst hergestellten Mahlzeit schnell ins Staunen kommen. Tatsächlich können viele Einzelzutaten auch im Vorfeld vorbereitet werden. Für einen preislichen Vergleich rechnet man für ein Pizza-Abendessen in der

Familie die Ausgaben der drei bis vier Schachteln TK-Pizza zusammen. Demgegenüber wird nun die Rechnung für die Einzelzutaten der frischen Pizza inklusive Teig, Saucekomponenten etc. aufgezählt. Tatsächlich wird die Rechnung für die selbst erzeugte Pizza überraschend ähnlich ausfallen. Doch jetzt kommt der Clou: Die Einzelzutaten werden in der Regel nie komplett für das eine Essen benötigt. Es wird immer etwas übrigbleiben, was für spätere Mahlzeiten genutzt werden kann. Das heißt wiederum, dass nur ein Anteil der Rechnung für die gesunden, frischen Zutaten für das eine Abendessen angerechnet werden – und dann kann ein frisch zubereitetes Essen sogar günstiger sein. Der Preis wird somit nicht entscheidend. Die großen Vorteile präsentieren sich im hohen Anteil von Nährstoffen, im Aroma und natürlich aus individueller Sicht der Berücksichtigung von persönlichen Geschmäckern. Um diesen Gesundheitsaspekt mit einer budgetfreundlichen Note zu bereichern, stehen einige Hinweise bereit:

+ Eigenmarken sind oft gleichwertig wie Markennamen, aber erweisen sich als preiswerter.
+ Kalkulation aufgrund des Grundpreises pro Lebensmittel (pro Liter, pro Kilogramm)
+ größere Mengen sind absolut betrachtet in der Regel preiswerter
+ saisonales Obst/Gemüse ist deutlich günstiger
+ Aktionswaren/Sonderangebote nutzen

Des Weiteren empfiehlt es sich, aus Resten von Speisen an einem Folgetag verwertbare neue Mahlzeiten zu kochen. Das spart einiges an Vorbereitungszeit und verhindert unnützen Abfall. In diesem Bezug empfiehlt sich eine Wochenplanung – eine abgestimmte Einkaufsliste mit Einzelzutaten für mehrere verschiedene Gerichte spart auch Ausgaben.

Hinweis: Der Mere-Exposure-Effekt besagt ganz simpel ausgedrückt, dass man Unbekanntes nicht mag. Das ist beim Essen nicht anders. So trägt die frühe Einführung unterschiedlicher Lebensmittel sowie gesunder Anteile beim Kind auch zur Essensplangestaltung im Alter bei. Und um mit einem Missverständnis aufzuräumen – Menschen essen nicht, was sie mögen, sondern mögen, was sie häufiger essen!

Des Weiteren darf darauf verwiesen werden, dass sich der wählerische Esser nicht unbedingt ungesund ernährt, da in vielen Nahrungsmitteln vergleichbare Inhaltsstoffe enthalten sind. Sollte dies einmal zu einem Problem werden, dann hilft das Kleinschneiden von Gemüsejulienne für die Suppe oder das Einbetten der Obststücke im Quark allemal.

Hinweis: Kinder neigen zum Kennenlernen neuer Lebensmittel in Verbindung mit bekannten Zutaten. In raren Fällen kann somit auch ein wenig Ketchup – den wohl alle Kinder lieben – den Brokkoli etwas verlockender erscheinen lassen. Und wenn es einmal ausprobiert worden ist, fällt die Tomatensauce meist von allein weg.

Und nicht zu vergessen: Die Eltern verfügen über eine große Vorbildfunktion. Im Alltag und in diesem Fall auch bei den Essensgewohnheiten prägt das eigene Verhalten Baby und Kleinkind.

Familienküche – in vertrauter Runde

Das Familienkochen bietet sehr viel Potenzial zur Beteiligung von Erwachsenen und Kindern. Mit ein wenig mehr Verantwortung seitens der Kinder löst sich die Essensplanung von der Doktrin, die einem die Eltern ungewollt auferlegen. Dadurch erhalten diverse Geschmacksnoten ihre Präsenz, sodass unterschiedlichen persönlichen Vorlieben eine entsprechende Bühne gegeben werden kann. Wer einmal mitbestimmt, trägt auch gern einmal eine andere Entscheidung mit. Und so enthält das gemeinsame Essen ein enormes Potenzial hinsichtlich eines gemeinschaftlichen Familienlebens. Die gemeinsame Entscheidung wird bereits bei der Planung der Gerichte gefördert und mit einem gemeinsamen Einkaufen weiterhin unterstützt. Es fehlt doch meist die eigene Erfahrung, das eigene Eintauchen in die Welt der gesunden Ernährung. Wird das Kind auf praktische Einbindung Teil dieses ansonsten als theoretisch wahrgenommenen Prozesses der Energieversorgung, wird höchstwahrscheinlich später Neugierde und Interesse an der Ernährung leiden. Im entsprechenden Alter lässt sich die Interaktion noch steigern – vor allem das Waschen, Schnippeln und Zureichen der einzelnen Zutaten bereitet Kindern eine große Freude. Dabei lernen Kinder bereits verschiedene Zutaten und wissen auch langsam Bescheid über deren Verarbeitung. Die Integration in das Familienessensritual erfolgt am besten nach und nach mittels einfacher Schritte. Diese könnten beispielsweise wie folgt aussehen:

+ Wunschgerichte wählen

+ Tisch decken sowie abräumen

+ Mitsprache bei der Wochenplanung

+ Lebensmitteleinkauf mit den Eltern

+ Vorbereiten der Zutaten

+ Zubereiten von Komponenten oder gesamten Speisen

+ eigene Kreationen ermöglichen

GEMEINSAM GESUNDE ERNÄHRUNG LEBEN

Frische Zubereitungen stehen nicht nur im Trend des gemeinsamen Erlebnisses, sondern bieten sehr viel Vorteile gegenüber Fast Food, TK-Fertiggerichten und schnellen zucker- sowie fetthaltigen Snacks. Wer dies bereits in jungen Jahren vorgelebt bekommt, wird sich an diesem roten Faden der gesunden Ernährung auch im erwachsenen Alter orientieren. Daher geben die Eltern mit einer bewussten Konfrontation und ausgiebigen Erklärungen zum Thema ihren Kindern bereits im Kindesalter große Schätze mit auf dem Weg. Des Weiteren sorgen gemeinsame Momente stets für eine Bindung. Der konsequent durchgeführte Familienstammtisch in den eigenen vier Wänden schenkt somit ebenfalls eine gute Basis für Vertrauen – von der gemeinsamen Zubereitung in der Küche bis zum Auftischen am Platz macht es zudem einfach richtig Spaß. Doch die sich scheinbar anbahnend fehlende Zeit für die Planung beziehungsweise Umsetzung sowie immer diversifizierter werdenden Geschmacksvorlieben stellen in diesem Prozess spürbare Herausforderungen dar.

Familienküche – Rezepte

Für jeden Anlass und für jedes Zeitfenster bietet sich stets das richtige sowie ausgewogene Speisenangebot. Mit dem nun folgenden Praxisteil in das Thema dürfen Sie endlich daheim loslegen. Sie werden sich wundern, wie viele Geschmäcker mit einer übersichtlichen Auswahl berücksichtigt werden können. Zudem wird schnell erkennbar, dass viele Einzelkomponenten der nachstehenden Gerichte auch ersetzbar sind. So werden spielend einfach saisonale Lebensmittel in den Küchenalltag integriert. Fangen wir erst einmal klein an.

Einstiegsklassiker

Der Einstieg in die Familienküche soll einfach und flexibel sein. Daher wird in den unterschiedlichen Themenbereichen ein simples Basis-Rezept vorgestellt. Oft sind diese Komponenten aus der Küche nicht wegzudenken und werden für verschiedene Mahlzeiten verwendet.

Tipp: Panierte Speisen mögen Kinder einfach! Als Alternative lässt sich eine Panade auch aus zerbrochenen Keksen oder Haferflocken herstellen. Die gewöhnlichen Semmelbrösel werden mit Kräutern zudem aufgewertet.

QUARK-DIP

4 Port.

12 Min.

Leicht

Zutaten

200 g Magerquark
80 g Paprika (etwa ½ Paprikaschote)
60 g Salatgurke (etwa 4 Scheiben)
Salz + Pfeffer

Zusätzlich wird benötigt:
1 Schüssel

Nährwerte p. P.

44 kcal
4 g Kohlenhydrate
1 g Fett
7 g Eiweiß

1 In einer Schüssel den Quark mittels Gabel fein zerdrücken. Es soll eine cremige Masse entstehen.

2 Das Gemüse waschen und abtrocknen. Die Gurke in kleine Würfel schneiden. Die Paprika von Kernen sowie Stiel befreien. Danach die Schote ebenfalls klein würfeln.

3 Die Gemüsewürfel unter den Quark rühren. Das Ganze nach eigenen Wünschen salzen sowie pfeffern.

TOMATEN-PAPRIKA-KETCHUP

3 Flaschen

1 Std.

Leicht

Zutaten

700 g Cocktailtomaten
300 g Spitzpaprika (rot)
80 g Tomatenmark
40 g Vollrohrzucker
50 ml Balsamico (hell)
2 Knoblauchzehen
1 Zwiebel
1 Stück Ingwer (etwa 4 cm)
1 Bund Thymian
½ Chilischote (rot)
3 EL Olivenöl
2 TL Currypulver
1 TL Paprikapulver (edelsüß)
½ TL Zimt (gemahlen)
Salz + Pfeffer

Zusätzlich wird benötigt:
1 Schüssel
1 Topf
1 Stabmixer
1 Trichter
1 Backblech
Backpapier
Backofen

Nährwerte p. P.

44 kcal
6 g Kohlenhydrate
3 g Fett
1 g Eiweiß

1 Backofen auf 180 Grad Celsius erhitzen. Währenddessen die Tomaten waschen sowie vom Strunk befreien. Die Paprika waschen, halbieren sowie vom Kerngehäuse befreien. Beide Gemüsesorten in grobe Stücke schneiden.

2 Zwiebel, Knoblauch sowie Ingwer schälen sowie in Scheiben schneiden. Die Chili waschen, eventuell nach Wunsch von den Kernen befreien sowie fein hacken. Den Thymian waschen, trocken schütteln sowie dessen Blätter abzupfen.

3 Backblech mit Backpapier auslegen und die bereits vorbereiteten Zutaten darauf gleichmäßig verteilen. Das Ganze mit dem Öl, Zucker sowie 1 TL Salz und ½ TL Pfeffer überdecken. Das Blechgemüse nun etwa 40 Minuten im Ofen garen lassen.

4 In dieser Zeit Essig, die beiden Würzpulver sowie das Tomatenmark in einer Schüssel miteinander vermischen.

5 In einem Topf das Ofengemüse, die Würzpaste aus Schritt 4 sowie 250 - 500 ml Wasser miteinander vermengen. Je nach gewünschter Konsistenz des späteren Ketchups die Wassermenge wählen. Den Inhalt mit dem Stabmixer glatt pürieren.

6 Den Ketchup im Topf aufkochen und erneut mit Salz und Pfeffer würzen. Mit Hilfe eines Trichters die heiß ausgewaschenen Bügelflaschen mit heißem Ketchup füllen. Dieser hält ca. zwei Wochen im Kühlschrank.

Tipp: Die Ofentomaten wandeln sich mit Ricotta oder Mozzarella und Basilikum zu einem ganz anderen Mittag. In den letzten zehn Minuten sollten Käse oder Frischkäse auf den Tomaten verteilt sowie die Grillfunktion eingeschaltet werden. Gehackte Pistazien runden die Sache wirkungsvoll ab.

NUSSMUS

1 Glas

25 Min.

Leicht

Zutaten

200 g Haselnüsse
100 g Sonnenblumenkerne

Zusätzlich wird benötigt:
1 Standmixer
1 Vorratsglas à 200 ml
1 Backblech
Backpapier
Backofen

Nährwerte p. P.

94 kcal
2 g Kohlenhydrate
9 g Fett
3 g Eiweiß

1 Backofen auf 150 Grad Celsius vorheizen sowie das Backblech mit Backpapier auslegen. Die Nüsse auf dem Blech verteilen und etwa 15 Minuten rösten. Anschließend abkühlen lassen.

2 Im Mixer werden Nüsse und Kerne püriert. Zu Beginn wird der Inhalt pulverisiert, erst allmählich wird es zu einem cremigen Nussmus.

Tipp: Etwa 300 g Nussmus, 4 EL Kakaopulver sowie 10 Datteln in einen Mixer geben. Dazu 6 EL Nussöl, 2 TL Mandelmilch sowie je eine Prise Salz und Vanille geben. Wenn dies jetzt püriert wird, ergibt sich eine perfekte Nuss-Schoko-Aufstrichalternative zu Nutella. Ein 400 ml-Vorratsglas sollte damit gefüllt werden können.

BOLOGNESE

4 Port.

40 Min.

Leicht

Zutaten

200 g Hackfleisch
1 große Dose Tomatenwürfel (etwa 400 g)
1 Zwiebel
2 EL Rapsöl
2 TL Thymian (getrocknet)
2 TL Oregano (getrocknet)
Salz + Pfeffer

Zusätzlich wird benötigt:
1 Topf

Nährwerte p. P.

168 kcal
4 g Kohlenhydrate
13 g Fett
10 g Eiweiß

1 Die Zwiebel schälen und in kleine Würfel schneiden. Im Topf mit erhitztem Öl diese für etwa 1 - 2 Minuten andünsten.

2 Das Hackfleisch dazugeben und das Fleisch anbraten, bis es leicht gebräunt und krümelig ist. Anschließend die Tomaten dazugeben und alles 30 Minuten bei höchstens mittlerer Hitze einkochen. Ab und zu umrühren.

3 Erst kurz vor dem Ende der Kochzeit die Gewürze hinzugeben und den Inhalt gut mischen. Am Ende wird die Bolognese gesalzen sowie gepfeffert. Vollkornnudeln passen sehr gut dazu.

FISCHSTÄBCHEN – SELBSTGEMACHT

4 Port.

25 Min.

Leicht

Zutaten

100 g Paniermehl
je 12 Cocktailtomaten + Ananasstücke (Dose)
4 Fischfilets (Lachs oder Kabeljau)
3 Eier
2 Paprika (rot)
5 EL Mehl
2 EL Rapsöl
1 TL Kräuter der Provence (oder ½ TL Paprikapulver)

Zusätzlich wird benötigt:
4 Holzspieße
3 tiefe Teller
1 Schüssel
1 Pfanne

Nährwerte p. P.

466 kcal
23 g Kohlenhydrate
26 g Fett
35 g Eiweiß

1 Die Paprika waschen, halbieren sowie von den Kernen befreien. Anschließend die Schotenhälften in mundgerechte Würfel schneiden. Die Tomaten waschen und halbieren.

2 Das Fischfilet auf Gräten untersuchen. Die Eier aufschlagen und in einer Schüssel gut verquirlen. Jetzt darf es mit Salz, Pfeffer sowie gern mit Kräutern oder etwas Paprikapulver gewürzt werden.

3 Die gewürzte Ei-Mischung auf einen tiefen Teller gießen. Auf die anderen beiden Teller das Mehl sowie das Paniermehl geben.

4 Den Fisch in grobe Stück schneiden, bemehlen und im Ei wälzen. Anschließend den Fisch im Paniermehl wälzen. Die Panade sollte gut und dick haften. Eventuell das Filetstück nochmals durch Ei und Paniermehl ziehen.

5 Auf kleinen Holzspießen nun abwechselnd Ananasstücke, Tomate, Paprika sowie Fisch stecken. Im heißen Öl der Pfanne die Spieße bei mittlerer Temperatur etwa 6 - 8 Minuten anbraten. Während das Gemüse weich werden sollte, bräunt die Panade leicht. Die Spieße müssen regelmäßig gedreht werden!

6 Die Fischstäbe passen perfekt zu Kartoffelpüree. Vor dem Essen sollten die Einzelteile bei Kleinkindern von den Eltern vom Spieß geschoben werden.

GEMÜSE-BRATLINGE

4 Port.

30 Min.

Leicht

Zutaten

500 g Möhren
250 g Kartoffeln
175 g Mehl
3 Eier
1 Zwiebel
1 EL Rapsöl

Zusätzlich wird benötigt:
1 Reibe
1 große Schüssel
1 Pfanne

Nährwerte p. P.

320 kcal
48 g Kohlenhydrate
8 g Fett
11 g Eiweiß

1 Die Zwiebel schälen und in feine Würfeln schneiden. Die Möhren sowie die Kartoffeln waschen, schälen und mit der Reibe grob raspeln.

2 Die Eier aufschlagen und in die Schüssel geben. Darin die Gemüseraspel, Zwiebelwürfel sowie das Mehl mit den Eiern gut vermengen. Es sollte sich ein nur etwas klebriger Teig entwickeln.

3 In der Pfanne das Öl erhitzen. Mit den Händen Frikadellen formen und von beiden Seiten etwa 3 - 5 Minuten goldbraun anbraten.

GRIEßBREI

4 Port.

15 Min.

Leicht

Zutaten

75 g Grieß
25 g Butter
500 ml Milch
1 Ei
2 EL Zucker

Zusätzlich wird benötigt:
1 Simmertopf (oder Pfeiftopf)

Nährwerte p. P.

246 kcal
27 g Kohlenhydrate
12 g Fett
8 g Eiweiß

1 Die Butter auf Raumtemperatur bringen und das Ei inzwischen aufschlagen. Im speziellen Topf die Milch aufkochen lassen. Wenn es pfeift, die restlichen Zutaten dazugeben.

2 Das Ganze 4 - 8 Minuten weiter köcheln lassen, währenddessen regelmäßig umrühren. Je länger der Grießbrei erwärmt wird, desto dicker wird er werden. Der individuelle Geschmack entscheidet, wann er fertig ist. Er wird gewöhnlich zu Apfelmus oder Kirschkompott gereicht.

Frühstück

Für einen guten Start bedarf es einer nährstoffreichen und gehaltvollen ersten Mahlzeit. Natürlich locken mitunter am Wochenende oder zu einem besonderen Anlass auch einmal etwas opulentere Frühstücke zum Morgenritual. Mit ausreichend Energie werden so alle Herausforderungen im Arbeits- sowie Schulalltag gemeistert.

HAFERBREI

4 Port.

25 Min.

Leicht

Zutaten

140 g Haferflocken
70 g Cranberrys (getrocknet)
70 g Erdnüsse
625 ml Apfelsaft
4 EL Ahornsirup
½ TL Zimt (gemahlen)
1 Prise Salz

Zusätzlich wird benötigt:
1 Topf

Nährwerte p. P.

358 kcal
49 g Kohlenhydrate
13 g Fett
9 g Eiweiß

1 Im Topf kochen als Erstes der Saft mit Zimt, Salz sowie etwa 125 ml Wasser auf.

2 Danach sämtliche restliche Zutaten außer den Nüssen dazugeben. Nach dem Durchmengen des Topfinhalts diesen nochmals aufkochen. Das Ganze bei regelmäßigem Umrühren ca. zehn Minuten köcheln lassen.

3 Die Erdnüsse während dieser Zeit klein hacken. Diese dem Haferbrei zum Schluss unterheben.

FRÜHSTÜCKSWAFFELN

4 Port.

25 Min.

Leicht

Zutaten

250 g Quark
150 g Mehl
100 g Beeren (gemischt)
65 g Zucker
50 g Butter
5 Eier
1 Päckchen Vanillezucker
5 EL Milch
1 EL Himbeersirup
1 TL Backpulver
1 TL Pistazienkerne
1 Prise Salz
etwas Pflanzenöl

Zusätzlich wird benötigt:
2 Schüssel
1 Topf
1 Waffeleisen

Nährwerte p. P.

513 kcal
53 g Kohlenhydrate
20 g Fett
26 g Eiweiß

1 Die Eier aufschlagen und mit Zucker, Vanillezucker und etwa 150 g Quark in einer Schüssel vermengen. Anschließend Backpulver sowie Mehl unterheben. Das Ganze zu einem glatten Teig rühren.

2 In einem kleinen Topf die Butter zerlassen. Diese mit dem Salz zum Teig geben. Alles gut verrühren.

3 Das Waffeleisen erhitzen und die Kammern einfetten. Etwa 3 EL Teig auf den Flächen verteilen. Der Teig sollte eine gleichmäßige Dicke aufweisen. Dünne Waffeln werden in nur einer Minute fertig sein, während dickere Varianten eher 2 - 3 Minuten benötigen.

4 In einer zweiten Schüssel den Sirup, die Milch sowie den übrigen Quark miteinander vermengen. Die Beeren waschen, auslesen und abtropfen. Diese unter den frischen Quark heben. Die Pistazien als Garnierung auf den Beerenquark geben.

FRENCH TOAST

 8 Port.

 45 Min.

 Mittel

Zutaten

40 g Zucker
30 g Vollrohrzucker
85 ml Sahne
8 Scheiben Weißbrot (oder Toastbrot)
5 Eier
2 EL Butter
1 Prise Salz

Zusätzlich wird benötigt:
1 Schüssel
1 Auflaufform
1 Pfanne

Nährwerte p. P.

426 kcal
47 g Kohlenhydrate
19 g Fett
14 g Eiweiß

1 Die Eier aufschlagen und in der Schüssel mit der Sahne gut vermischen. Zucker sowie Salz dazugeben und kräftig durchrühren.

2 Die Brotscheiben in die Auflaufform geben. Diese nun mit der Eier-Sahne übergießen. Danach das Brot ca. 15 Minuten ruhen lassen. Nach der Hälfte der Zeit einmal wenden.

3 In der Pfanne die Butter zerlassen. Die Scheiben darin braten, bis sie goldbraun sind.

4 Anschließend den braunen Zucker aufstreuen und die Brote wenden. Auch von der anderen Seite goldbraun backen.

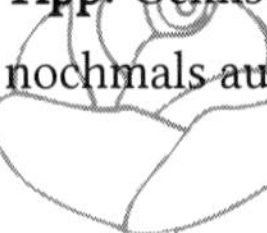
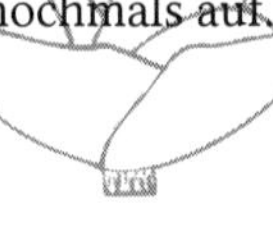

Tipp: Gemischte Früchte und dazu passender Sirup werten dieses Frühstück nochmals auf.

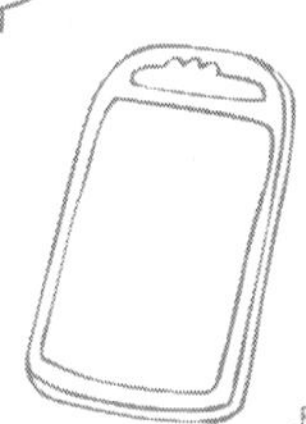

SPECK-RÜHREI MIT WÜRSTCHEN

 4 Port.  20 Min.  Leicht

Zutaten

150 g Schinkenspeck
240 ml Sahne
10 Eier
8 Mini-Bratwürste
2 EL Butter
1 EL Pflanzenöl
etwas frische Kräuter
Salz + Pfeffer

Zusätzlich wird benötigt:
2 Pfannen
1 Schüssel

1 In der Pfanne die Würste im heißen Öl von allen Seiten gebräunt durchbraten. Derweil den Speck in Würfel schneiden.

2 Die Eier aufschlagen und mit der Sahne in einer Schüssel gut durchmischen. Das Ganze ausreichend salzen sowie pfeffern.

3 In der zweiten Pfanne die Speckwürfel mit der Butter kross anbraten. Dazu die Ei-Sahne-Masse geben und alles gut durchmengen. Unter stetem Rühren den Pfanneninhalt nun stocken lassen.

4 Vor dem Servieren die Würste in das Ei-Nest geben. Sie könnten anstatt ganz auch in Scheiben geschnitten werden. Kräuter waschen, trocken schütteln und fein hacken. Sie dienen der Garnierung.

Nährwerte p. P.

797 kcal
1 g Kohlenhydrate
68 g Fett
45 g Eiweiß

Alternativ: Dieses Rührei funktioniert mit Paprika, Gurke sowie Tomate und vielerlei anderer Gemüsesorten auch als vegetarische Alternative.

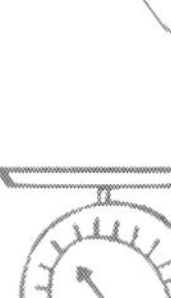

LÖFFELSMOOTHIE

4 Port.

10 Min.

Leicht

Zutaten

200 g Rote Bete
200 g Heidelbeeren (TK)
500 ml Buttermilch
300 ml Milch
4 Datteln (ohne Stein)
3 Bananen
Schalenabrieb 1 Orange
1 EL Backkakao
1 EL Nussmus
1 TL Zimt (gemahlen)

Zusätzlich wird benötigt:
1 Standmixer
5 Gläser

Nährwerte p. P.

286 kcal
47 g Kohlenhydrate
6 g Fett
10 g Eiweiß

1 Am Vorabend die Bananen schälen, in Scheiben schneiden sowie über Nacht ins Tiefkühlfach legen.

2 Die Rote Bete schälen und zu groben Stücken verarbeiten. Die Heidelbeeren waschen und auslesen. In einem Standmixer alle Zutaten bis auf die Buttermilch sowie ein paar Heidelbeeren pürieren.

3 Die Gläser bis zur Hälfte mit dem gerade hergestellten Smoothie füllen. Darüber die Buttermilch gießen. Am Ende das Nussmus sowie die Heidelbeeren als Topping darüber verteilen.

Tipp: Bleibt vom Smoothie etwas übrig, lässt sich der Rest einfach einfrieren. So bekommen die Kinder an sommerlichen Tagen einen gesunden Eisdrop.

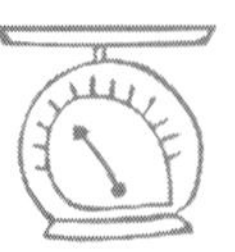

RUCOLA-SANDWICH

4 Port.

15 Min.

Leicht

Zutaten

100 g Hüttenkäse
80 g Parmesan (frisch gerieben)
50 g Doppelrahmfrischkäse
50 g Crème fraîche
50 g Rucola
8 Sandwichscheiben
8 Oliven (schwarz + entsteint)
4 Tomaten (eingelegt + getrocknet)
½ Bund Petersilie
Salz + Pfeffer

Zusätzlich wird benötigt:
1 Schüssel

Nährwerte p. P.

141 kcal
7 g Kohlenhydrate
9 g Fett
7 g Eiweiß

1 In der Schüssel die drei Käsevarianten mit der Crème fraîche gut vermischen.

2 Danach die getrockneten Tomaten sowie die Oliven fein hacken. Die Petersilie waschen, trocken schütteln und die abgezupften Blätter fein hacken. Diese gehackten Zutaten in die Schüssel geben. Alles gut durchmengen, salzen und pfeffern.

3 Die Hälfte der Sandwichscheiben mit der Masse bestreichen. Den Rucola waschen, abtrocknen und auf den Brotscheiben verteilen. Die restlichen vier Toastscheiben obenauf legen und das Sandwich jeweils diagonal durchschneiden.

KNUSPERMÜSLI

1 Glas
500 ml

40 Min.

Leicht

Zutaten

500 g Feinblatt-Haferflocken (oder glutenfrei mit Buchweizen)
10 EL Nussöl (oder mildes Olivenöl)
1 Prise Salz

Zusätzlich wird benötigt:
1 Schüssel
1 Vorratsglas à 500 ml
2 Backbleche
Backpapier
Backofen

Nährwerte p. P.

276 kcal
27 g Kohlenhydrate
16 g Fett
7 g Eiweiß

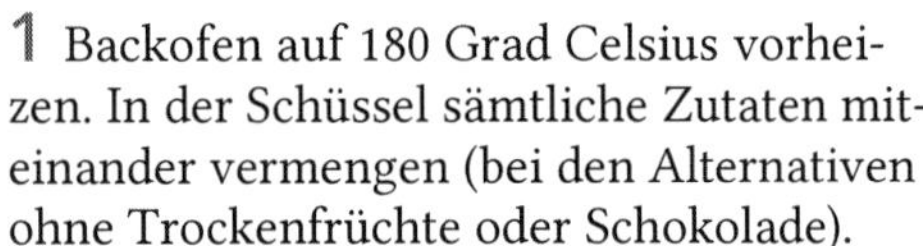

1 Backofen auf 180 Grad Celsius vorheizen. In der Schüssel sämtliche Zutaten miteinander vermengen (bei den Alternativen ohne Trockenfrüchte oder Schokolade).

2 Zwei Backbleche mit Backpapier auslegen. Die Flocken etwa 30 Minuten goldbraun anrösten. Das Müsli muss regelmäßig gewendet werden, damit es nicht anbrennt. Danach auf dem Blech auskühlen lassen.

3 Das Knuspermüsli in ein Glas füllen und luftdicht verschließen.

4 Alternativen: Trockenfrüchte sowie Schokolade funktionieren stets als Upgrade für das Müsli. Sie dürfen allerdings nicht mit in den Ofen. Stattdessen werden sie nach der Backzeit kleingeschnitten dem Müsli beigemengt.

5 In der Variante Birne-Walnuss mit 200 g grob gehackten Walnüssen, 100 g Kürbiskernen, 250 g selbst gemachtem Birnenmus sowie zwei Handvoll Rosinen beziehungsweise Cranberrys wartet ein leckeres Frühstück in Milch, Joghurt oder auf einem Crêpe.

6 Oder wie wäre es mit einem exotischen Schoko-Pflaumen-Müsli samt 200 g grob gehackten Haselnüssen, 70 g Sesam, 30 g Mohn, 200 g selbst gemachtem Pflaumenmus. Verfeinert wird dies mit zwei Handvoll gehackter dunkler Schokolade sowie getrockneten Pflaumen.

THUNFISCHTOAST

4 Port.

10 Min.

Leicht

Zutaten

4 Toastbrotscheiben
4 Käsescheiben
3 Tomaten
1 Dose Thunfisch
4 TL Butter
1 TL Petersilie (frisch gehackt)

Zusätzlich wird benötigt:
1 Toaster
1 Backblech
Backpapier
Backofen

Nährwerte p. P.

354 kcal
12 g Kohlenhydrate
27 g Fett
14 g Eiweiß

1 Backofen auf 225 Grad Celsius vorheizen und das Blech mit Backpapier belegen. Die Brotscheiben rösten. Danach abkühlen lassen.

2 Brote mit Butter beschmieren. Derweil den Fisch abtropfen lassen. Dieser wird nachher leicht mit der Gabel auseinandergerissen. Tomaten waschen, von Stielansätzen befreien sowie zwei davon zu Scheiben verarbeiten und eine in Achtel schneiden.

3 Auf den Broten die Thunfischfetzen und darauf die Tomatenscheiben legen. Eine Käsescheibe deckt ein Toastbrot ab. Sie im Ofen überbacken, bis der Käse geschmolzen ist. Am Ende mit Tomatenachteln belegen sowie mit Petersilie bestreuen.

Salate

Diese Kategorie eignet sich für sämtliche Mahlzeiten. Sie fungieren selbstständig als kleiner, erfrischender sowie energiespendender Zwischensnack. Andererseits passen sie auch in reduzierter Menge perfekt als Beilage zu bestimmten Gerichten oder doch als leichtes Abendbrot. Die flexiblen Salate können zu jeder Tageszeit in den Speiseplan unkompliziert integriert werden.

WURSTSALAT

 4 Port.  20 Min.  Leicht

Zutaten

600 g Fleischwurst
4 Gewürzgurken
2 Zwiebeln
½ Bund Petersilie
4 EL Sonnenblumenöl
3 EL Weißweinessig
Salz + Pfeffer

Zusätzlich wird benötigt:
2 Schüsseln

Nährwerte p. P.

256 kcal
20 g Kohlenhydrate
15 g Fett
10 g Eiweiß

1 Die Wurst von der Pelle befreien und in feine Streifen schneiden. Zwiebeln schälen in dünne Ringe schneiden. Die Gurken einfach würfeln. In der Schüssel alle Einzelzutaten miteinander vermengen.

2 Die Petersilie waschen, trocken schütteln und die abgezupften Blätter fein hacken. In einer kleinen Schüssel die restlichen Zutaten zu einem Dressing verarbeiten. Dieses dann über den Wurstsalat geben. Das Ganze mit frischer Petersilie garnieren.

KARTOFFELSALAT

4 Port.

25 Min.

Leicht

Zutaten

500 g Kartoffeln
200 g Gewürzgurken (süß-sauer)
2 Eier
1 Apfel
½ Zwiebel
2 EL Mayonnaise
2 EL Naturjoghurt
2 TL Senf
2 TL Dill
Salz + Pfeffer

Zusätzlich wird benötigt:
1 Kochtopf
1 Reibe
1 Schälchen

1 Die Kartoffeln in einem Kochtopf etwa 20 Minuten kochen. Diese danach pellen und in mundgerechte Würfel schneiden. Den Apfel vom Kerngehäuse sowie dem Blütenansatz befreien und anschließend grob raspeln. Die Zwiebel schälen und fein würfeln. Die Gurken abtropfen lassen und in feine Würfel schneiden.

2 Die Eier in einem kleinen Topf in etwa 8 - 10 Minuten hart kochen. Danach mit kaltem Wasser abschrecken, pellen und in Scheiben schneiden.

3 Den Dill waschen, trocknen und fein hacken. Diesen mit den bisher noch nicht verwendeten Zutaten in der kleinen Schale zu einer Salatsoße vermischen.

4 Die Kartoffelstücke mit den Gemüsewürfeln und Apfelraspeln mischen und die Ei-Scheiben obenauf legen. Mit der Soße übergossen, wird der Salat lauwarm oder auch kalt serviert.

Nährwerte p. P.

199 kcal
23 g Kohlenhydrate
9 g Fett
7 g Eiweiß

Tipp: Mit ein paar warmen Wurstscheiben vermischt, wird aus dem Begleiter schnell eine leichte Sommermahlzeit.

THUNFISCH-TORTELLINI-SALAT

4 Port.

1 Std. 20 Min.

Leicht

Zutaten

500 g Tortellini
150 g Thunfisch (naturell)
16 Oliven (entsteint)
4 Tomaten
2 Paprika (gelb)
1 Zwiebel
4 EL Rotweinessig
4 EL Olivenöl
Salz + Pfeffer

Zusätzlich wird benötigt:
2 Schüsseln
1 Kochtopf
1 Sieb

Nährwerte p. P.

564 kcal
23 g Kohlenhydrate
44 g Fett
17 g Eiweiß

1 Im Kochtopf die Tortellini nach Packungsanleitung im Salzwasser kochen. Danach in einem Sieb abgießen und mit kaltem Wasser abschrecken. Die Tortellini abkühlen lassen und in eine Schüssel geben.

2 Die Zwiebel schälen und fein hacken. Die Paprika waschen, halbieren und von den Kernen befreien. Die Schoten anschließend grob würfeln. Die Tomaten waschen und deren Schale leicht einritzen. Übergossen mit heißem Wasser werden die Tomaten leicht gehäutet und anschließend gewürfelt. Die Oliven in feine Scheiben schneiden.

3 Den Thunfisch abtupfen und mittels einer Gabel auseinanderzupfen. Den Fisch sowie das verarbeitete Gemüse aus Schritt 2 zu den Tortellini geben. Alles gut miteinander vermischen.

4 In der zweiten Schüssel ergeben die restlichen Zutaten in Kombination ein leckeres Dressing. Die Soße über den Salat gießen. Das Ganze etwa eine Stunde im Kühlschrank ziehen lassen.

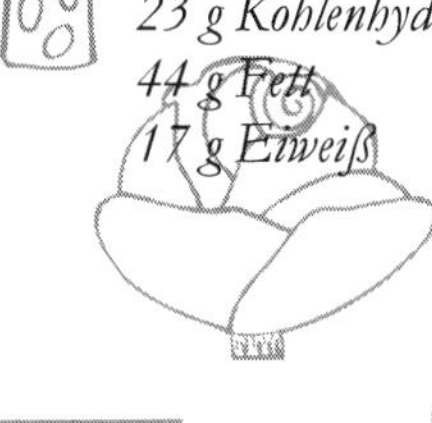

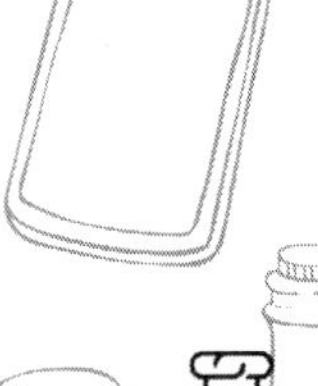

BAUERNSALAT À LA GRECO

4 Port.

15 Min.

Leicht

Zutaten

400 g Tomaten
300 g Paprika (grün)
250 g Zwiebeln (rot)
200 g Schafskäse
100 g Oliven (schwarz)
1 Salatgurke
1 Bund Petersilie (glatt)
4 EL Olivenöl
3 EL Weißweinessig
1 EL Paprikaflocken nach Belieben
½ TL Oregano (getrocknet)
Salz + Pfeffer

Zusätzlich wird benötigt:
2 Schüsseln

Nährwerte p. P.

371 kcal
11 g Kohlenhydrate
31 g Fett
12 g Eiweiß

1 Die Tomaten waschen, achteln und vom Stielansatz befreien. Die Gurke waschen, schälen und grob würfeln. Die Paprika waschen, halbieren und von den Kernen befreien. Die Schoten anschließend würfeln. Die Zwiebeln schälen und in Ringe schneiden. Die Oliven halbieren und eventuell entsteinen. Das Gemüse in einer großen Schüssel miteinander vermengen.

2 Essig sowie Öl in der zweiten Schüssel mischen. Das Ganze salzen und pfeffern. Den Schafskäse würfeln und mit dem Oregano unter das Dressing heben.

3 Die Petersilie waschen, abtrocknen und deren Blätter fein hacken. Das Dressing auf den Salat geben. Die frische Petersilie sowie möglicherweise die Paprikaflocken darüberstreuen. Das Ganze sollte mindestens 15 - 30 Minuten ziehen.

ROSA KRAUTSALAT

4 Port.

2 Std. 20 Min.

Leicht

Zutaten

3 Möhren
1 Salatgurke
1 Mango
½ Rotkohl
½ Chilischote (rot)
125 g Marmelade (oder selbstgemachtes Fruchtmus)
4 - 6 EL Honig
3 EL saure Sahne
3 EL Olivenöl
2 TL Senf (mittelscharf)
Salz + Pfeffer

Zusätzlich wird benötigt:
1 Sparschäler
1 Topf
1 Schüssel

Nährwerte p. P.

344 kcal
50 g Kohlenhydrate
14 g Fett
3 g Eiweiß

1 Den Rotkohl waschen, den Strunk herausschneiden und das Kraut in feine Streifen schneiden. Die Möhren sowie die Gurke waschen, schälen und mit einem Sparschäler in dünne Streifen schneiden. Die Mango schälen, vom Stein lösen und das Mangofleisch in feine Streifen schneiden.

2 Alle Zutaten aus Schritt 1 in einem Topf miteinander vermengen. Die Chili waschen, entkernen und fein hacken. Den Schnittlauch waschen, trocknen und in feine Röllchen schneiden. Ein paar Röllchen zur Seite legen. Den Rest mit dem Chili zum Krauttopf geben.

3 Danach Marmelade, Honig sowie saure Sahne in einer Schüssel vermischen. Senf und Olivenöl anschließend untermengen. Die Marinade in den Topf geben und alles gut salzen und pfeffern.

4 Mit zugedecktem Deckel den Topf kräftig schütteln. Den Salat noch mindestens zwei Stunden im Kühlschrank durchziehen lassen. Vor dem Servieren den Salat nochmals durchmischen und eventuell erneut salzen und pfeffern.

Tipp: Dieser Salat schmeckt intensiver, wenn er länger zieht und passt als Beilage sowie als Zwischensnack mit Brot.

BROTCHIP-FRUCHT-SALAT

4 Port. | 20 Min. | Leicht

Zutaten

1 kg Tomaten
8 Feigen
2 Zwiebeln (rot)
1 Knoblauchzehe
1 Salatgurke
1 altes Baguette
1 Handvoll Basilikum
14 EL Olivenöl
5 EL Weißweinessig
1 EL Rosmarin (getrocknet)
2 TL Senf
Salz + Pfeffer

Zusätzlich wird benötigt:
2 Schüsseln
1 Backblech
Backpapier
Backofen

Nährwerte p. P.

655 kcal
60 g Kohlenhydrate
41 g Fett
10 g Eiweiß

1 Backofen auf 180 Grad Celsius vorheizen und ein Blech mit Backpapier belegen. Das Baguette in etwa 5 mm dicke Scheiben schneiden und eventuell halbieren. Die Brotscheiben mit insgesamt 4 EL Öl benetzen sowie mit Rosmarin und nach Wunsch anderen Gewürzen bestreuen. Nach zehn Minuten Backzeit das krosse Brot abkühlen lassen.

2 Die Tomaten waschen, den Strunk entfernen und in mundgerechte Stücke schneiden. Feigen waschen und ebenfalls mundgerecht zerkleinern. Zwiebeln schälen und in Ringe schneiden. Gurke schälen, in Scheiben schneiden und diese vierteln.

3 Für das Dressing den Knoblauch schälen und fein hacken. Den Knoblauch in einer Schüssel mit dem Senf, dem restlichen Öl sowie dem Essig gut vermischen. Das Dressing sollte kräftig gesalzen und gepfeffert werden.

4 In einer großen Schüssel das Gemüse sowie die Brotstücke vermengen. Das Dressing darübergießen. Die Brotstücke dürfen nicht in Flüssigkeit schwimmen, sondern sollen es lediglich ein wenig aufsaugen. Basilikum waschen, trocken schütteln und die Blätter abzupfen. Das Basilikum dient der Garnierung.

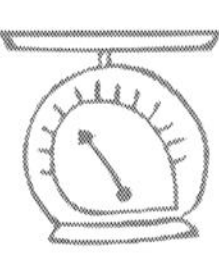

FARBENFROHER NUDELSALAT

4 Port. 25 Min. Leicht

Zutaten

300 g Mais (etwa 1 Dose)
250 g Nudeln (bspw. Muschelnudeln)
20 Cocktailtomaten
1 Eisbergsalat
1 Kugel Mozzarella
6 EL Rapsöl
2 EL Kräuter (gehackt)
2 EL Zitronensaft
1 Prise Zucker
Salz

Zusätzlich wird benötigt:
1 Kochtopf
1 Sieb
1 große Schüssel

Nährwerte p. P.

484 kcal
45 g Kohlenhydrate
25 g Fett
16 g Eiweiß

1 In einem Kochtopf die Teigwaren entsprechend der Packungsanleitung garen. Danach abschrecken und im Sieb abtropfen lassen.

2 Den Salat von den äußeren Blättern befreien und halbieren. Aus der Mitte den Strunk herausschneiden. Die Salatblätter abnehmen, waschen und zu feinen Streifen schneiden.

3 Die restlichen Zutaten in einer Schüssel zu einer Salatsoße vermengen.

4 Die Tomaten waschen und halbieren. Den Mozzarella abtropfen lassen und in mundgerechte Würfel schneiden.

5 In die Schüssel mit der Soße die Nudeln und das Gemüse geben. Alles gut durchmischen. Zum Schluss werden die Mozzarellawürfel über den Salat gegeben.

Brote & Brotaufstriche

Für das Frühstück und das Abendbrot stellen Brote sowie Brötchen eine universelle Grundlage für eine nahrhafte Mahlzeit. Mit stetig und scheinbar unendlichen Möglichkeiten des Belags und der Kombinationen aus ihnen ergeben sich aus diesem simplen Grundbestandteil verschiedene Optionen für persönliche Geschmäcker. Und natürlich darf es dann auch einmal der selbst hergestellte Aufstrich oder die süße Versuchung aus den eigenen Gartenfrüchten sein.

ÜBER-NACHT-BRÖTCHEN

 12 Port.
 1 Tag
 Leicht

Zutaten

500 g Dinkelmehl
300 g Magerquark
30 g Vollrohrzucker
120 ml Milch
100 ml Sonnenblumenöl (kaltgepresst)
1 Ei
1 Päckchen Backpulver
je 3 TL Saaten (Mohn, Sesam, Kürbiskerne, Sonnenblumenkerne)
½ TL Salz

Zusätzlich wird benötigt:
1 Handmixer mit Knethaken
1 große Schüssel
1 Backblech
Backpapier
Backofen

Nährwerte p. P.

287 kcal
34 g Kohlenhydrate
12 g Fett
10 g Eiweiß

1 Mit dem Knethaken Mehl, Backpulver sowie 100 ml Milch und Quark in der großen Schüssel miteinander vermischen. Danach Salz, Zucker und Öl ebenfalls unterrühren. Es muss ein glatter Teig entstehen.

2 In der Schüssel diesen kurz mit den Händen kneten und zu einer Kugel formen. Die Arbeitsplatte mit Backpapier auslegen und aus der Teigkugel einen etwa 40 cm langen Teigstrang formen. Daraus zwölf Teile schneiden. Zu einzelnen Kugeln geformt diese Brotteiglinge über Nacht im Kühlschrank ruhen lassen.

3 Backofen am nächsten Tag auf 180 Grad Celsius aufheizen. In einer Tasse das Ei mit der restlichen Milch verquirlen.

4 Backpapier samt Brötchenrohlingen auf ein Backblech legen. Die Brötchen mit etwas Freiraum platzieren und mit Ei-Milch-Mischung bestreichen. Danach wird 1 TL Saat auf ein Brötchen verteilt.

5 Im Ofen die Brötchen etwa 20 - 25 Minuten goldbraun backen. Nach ca. 15 Minuten die Ofentemperatur auf 140 Grad Celsius herunterdrehen. Abschließend die Brötchen etwas abkühlen lassen.

Alternativen: Im Teig dürfen gern auch Rosinen oder Schokoladenstücke verarbeitet werden. Wenn der Erste der Familie den Herd anstellt, sind die Brötchen fertig, wenn alle Familienmitglieder mit der Morgenhygiene durch sind. So frische Brötchen gibt es nirgends!

ROSINENSTUTEN

 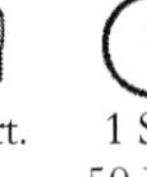 

12 Port. | 1 Std. 50 Min. | Leicht

Zutaten

750 g Mehl
150 g Rosinen
100 g Butter
50 g Zucker
250 ml Milch
3 Eier
1 Päckchen Trockenhefe
1 TL Salz
etwas Mehl
etwas Pflanzenfett

Zusätzlich wird benötigt:
1 große Schüssel
1 Topf
1 Kastenform
1 Gefäß
Backofen

Nährwerte p. P.

291 kcal
46 g Kohlenhydrate
8 g Fett
6 g Eiweiß

1 In einer großen Schüssel Mehl, Zucker, Hefe sowie Salz vermischen. Die Eier aufschlagen und mit den Rosinen dazugeben.

2 Danach die Butter im Topf zerlassen. Diese zum Teig geben und einen homogenen Hefeteig kneten. An einem warmen Ort das Ganze etwa 30 Minuten ruhen lassen. Das Volumen sollte sich verdoppeln.

3 Auf der bemehlten Arbeitsfläche den Teig ordentlich durchkneten und zu einem länglichen Brotlaib formen.

4 Backofen auf 220 Grad Celsius vorheizen. Kastenform einfetten und den Hefeteig hineingeben. Das Ganze ca. 15 Minuten durchziehen lassen.

5 Ein Gefäß mit Wasser füllen und auf den Boden des Backofens stellen. Die Kastenform in den Ofen schieben. Den Rosinenstuten etwa 45 Minuten backen.

MÖHREN-ZUCCHINI-BROT

1 Port.

1 Std. 10 Min.

Leicht

Zutaten

200 g Dinkelvollkornmehl
115 g Zucchini (etwa 1 Stück)
100 g Möhre (etwa 1 Stück)
100 g Rosinen
50 g Vollrohrzucker
40 g Walnüsse
15 g Kürbiskerne
100 ml Olivenöl
3 Eier
1 TL Natron
je 1 TL Piment + Zimt (gemahlen)
je 1 Prise Vanille (gemahlen) + Salz

Zusätzlich wird benötigt:
2 Schüsseln
1 (Vierkant-)Reibe
(1 Schneebesen)
1 Kastenform
Backpapier
Backofen

1 Backofen auf 180 Grad Celsius vorheizen und die Kastenform mit Backpapier auslegen. Möhre und Zucchini waschen, schälen und grob raspeln. Piment im Mörser zerkleinern.

2 In der Schüssel Mehl und Natron vermengen. Dazu Zimt, Piment sowie den Rohrzucker geben. Erst jetzt Rosinen und Walnüsse unterheben. Danach die Gemüseraspel hinzufügen. Alles gut durchmischen.

3 Die Eier aufschlagen und in der zweiten Schüssel mit dem Öl, der Vanille und dem Salz mischen. Nun muss diese Eier-Masse richtig aufgeschlagen werden. Eventuell hilft ein Schneebesen. Anschließend wird sie mit dem Gemüseraspel-Mehl verrührt.

4 Den Brotteig in die Kastenform geben und das Ganze mit den Kürbiskernen bestreuen. Das Gemüsebrot etwa 40 Minuten im Ofen backen. Es sollte vor dem Aufschneiden abkühlen.

Nährwerte p. P.

218 kcal
22 g Kohlenhydrate
13 g Fett
5 g Eiweiß

Tipp: Mit einem Holzstab erkennt man leicht, wenn der Brotteig durch ist. Einfach am Ende der Backzeit in das Brot stechen und herausziehen. Hängt kein Teig am Stab, ist das Brot fertig. Übrigens schmeckt es auch getoastet sehr gut.

HEFEBRÖTCHEN

 12 Port.

 1 Std.

 Leicht

Zutaten

200 g Mehl
130 g Sonnenblumenkerne
20 g Trockenhefe
1 Eigelb
4 EL Sonnenblumenöl
1 TL Zucker
½ TL Salz

Zusätzlich wird benötigt:
1 Schüssel
1 Backblech
Backpapier
Backofen

Nährwerte p. P.

160 kcal
15 g Kohlenhydrate
7 g Fett
6 g Eiweiß

1 Zu Beginn das Mehl mit 100 g Kernen in einer Schüssel vermengen. Dazu Salz, Hefe sowie 1 TL Zucker geben. Danach den Schüsselinhalt mit dem Pflanzenöl sowie etwa 150 ml Wasser auffüllen. Das Ganze zu einem homogenen Teig verarbeiten und danach an einem warmen Standort zugedeckt etwa 15 Minuten ruhen lassen.

2 Den Teig auf der bemehlten Küchenplatte gut durchkneten. Danach ca. 2 cm dick ausrollen. Anschließend Kreise mit etwa 8 cm Durchmesser ausstechen.

3 Backblech erst mit Backpapier und dann mit den Brötchenrohlingen belegen. Eigelb verquirlen und damit die Brötchen einpinseln. Darauf finden die übrigen Sonnenblumenkerne Platz. Backofen auf 200 Grad Celsius vorheizen. Das Blech derweil an einem warmen Standort lagern, bis die Teiglinge sichtbar aufgegangen sind.

4 Im Ofen die Brötchen etwa 15 Minuten backen. Nach der Hälfte der Backzeit sollten sie gewendet werden. Vor dem Servieren vollständig abkühlen lassen.

Tipp: Aus 150 g Sahnequark, 3 EL Milch sowie 2 EL Zucker lässt sich ein leckerer Aufstrich als Butterersatz zaubern. Dazu passt förmlich jede Marmelade als Topping.

KIRSCH-JOHANNISBEER-MARMELADE

6
Gläser

20 Min.

Leicht

Zutaten

1 kg Gelierzucker
600 g Sauerkirschen
400 g Johannisbeeren (schwarz)
etwas Vanillearoma

Zusätzlich wird benötigt:
6 Schraubverschlussgläser à 200 ml
1 Kochtopf
1 Stabmixer

Nährwerte p. P.

242 kcal
34 g Kohlenhydrate
2 g Fett
18 g Eiweiß

1 Die Kirschen waschen, von Stiel und Stein befreien. Die Johannisbeeren waschen, auslesen und putzen. Die Früchte in den Kochtopf geben und darin pürieren.

2 Dazu den Zucker und das Vanillearoma gegeben. Bei hoher Temperatur das Ganze etwa 4 - 5 Minuten aufkochen lassen.

3 Die Marmelade in die heiß ausgespülten Schraubverschlussgläser füllen und den Deckel sofort schließen. Die Gläser auf dem Deckel stehend abkühlen lassen.

PFLAUMENMARMELADE

1 Glas 25 Min. Leicht

Zutaten

500 g Pflaumen
200 g Feigen (getrocknet)
1 Stück Ingwer (etwa 2 cm)
3 TL Mohn
1 TL Zimt (gemahlen)

Zusätzlich wird benötigt:
1 Topf
1 Stabmixer
1 Vorratsglas à 500 ml

1 In einem Topf die Feigen mit etwa 500 ml Wasser bedecken. Den Inhalt aufkochen und die Hitze auf niedrige bis mittlere Stufe reduzieren. Danach das Ganze nochmals zehn Minuten köcheln lassen.

2 Die Pflaumen waschen, halbieren und vom Stein befreien. Diese zu den Feigen geben und weitere zehn Minuten mitköcheln lassen.

3 Mit einem Stabmixer das Obst eher grob pürieren. Den Ingwer schälen und fein reiben. Den Ingwer mit dem Mohn sowie dem Zimt mit in den Topf geben. Alles gut verrühren.

4 Die Marmelade heiß in das heiß ausgespülte Glas geben. Der süße Aufstrich hält etwa zwei Wochen im Kühlschrank.

Nährwerte p. P.

48 kcal
12 g Kohlenhydrate
1 g Fett
1 g Eiweiß

Tipp: Wenn Trockenobst Verwendung findet, darf auf Gelierzucker verzichtet werden. Wer stets kleinere Mengen frisch zubereitet, erhält mehr Abwechslung durch Saisonfrüchte.

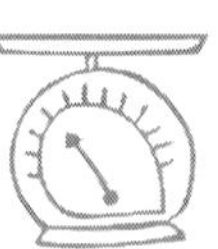

TOMATENAUFSTRICH

4 Port.

10 Min.

Leicht

Zutaten

300 g Naturjoghurt (etwa 2 Becher)
150 g saure Sahne
2 EL Tomatenmark
4 TL Schnittlauch (oder Kräuter nach Wahl)
2 TL Paprikapulver (edelsüß)
2 Prisen Zucker
Salz

Zusätzlich wird benötigt:
1 Schüssel

1 In einer Schüssel den Joghurt und die Sahne miteinander zu einer homogenen Masse vermischen.

2 Den Schnittlauch waschen, trocknen und in Röllchen schneiden. Diesen mit dem Tomatenmark sowie dem Paprikapulver zur Joghurtmasse geben. Alles gut durchmischen.

3 Zucker hinzugeben und erneut gut durchmengen. Dabei etwas Salz hinzufügen.

Nährwerte p. P.

104 kcal
7 g Kohlenhydrate
7 g Fett
5 g Eiweiß

Hauptgerichte mit Fleisch & Geflügel

Gegen den großen Hunger während des Tages wirkt eine ordentliche Hauptmahlzeit Wunder. Gerade mit Fleischgerichten liefert sich der Esser jede Menge Eisen und andere Mineralien sowie das wichtige Protein zum Zellaufbau beziehungsweise deren Regeneration. Wer auf Fleisch nicht verzichten möchte, findet daher hier eine abwechslungsreiche Auswahl an schmackhaftem Mittagessen.

AROMATISCHER NUDELAUFLAUF

4 Port.

1 Std.

Mittel

Zutaten

750 g Teigwaren (Fleckerl oder Spirelli)
700 g Wirsing (etwa 1 Salatkopf)
250 g saure Sahne
200 g Pancetta (oder Räucherspeck)
200 g Bergkäse
3 Eier
2 Zwiebeln
1 Bund Schnittlauch
4 EL Olivenöl
4 TL Kümmelsamen
Salz + Pfeffer

Zusätzlich wird benötigt:
1 ofenfeste Auflaufform

Nährwerte p. P.

883 kcal
86 g Kohlenhydrate
40 g Fett
41 g Eiweiß

1 Backofen auf 200 Grad Celsius vorheizen sowie die Auflaufform mit Öl einstreichen. Die Pasta gemäß der Packungsvorgabe im Salzwassertopf garen, über dem Sieb abseihen und sofort in die Auflaufform geben.

2 Wirsing waschen und seine äußeren Blätter entfernen. Wenn er halbiert wird, lässt sich der Strunk besser herausschneiden. Den Kopf anschließend in feine Streifen schneiden. Den Speck abtrocknen und ebenso in Streifen schneiden.

3 Die Zwiebeln schälen und fein würfeln. Den Bergkäse fein reiben. Den Schnittlauch waschen, trocknen und in Röllchen schneiden.

4 Im Topf Speck und Zwiebeln in Öl anbraten. Die Zwiebeln sollten goldbraun, der Speck knusprig werden. Dazu wird der Wirsing gegeben. Diesen kurz mitgaren, er sollte aber bissfest bleiben. Den Topfinhalt ordentlich mit Kümmel, Salz und Pfeffer würzen.

5 Die Wirsing-Speck-Mischung in die Auflaufform geben. Das Ganze gut vermischen.

6 Die Eier aufschlagen und in einer Schüssel mit der Sahne gut vermengen. Den Schnittlauch daruntermischen. Das Ganze über die Nudeln gießen. Die Flüssigkeit sollte den Inhalt der Ofenform gut bedecken. Darüber den Käse streuen.

7 Den Auflauf etwa 30 Minuten im Ofen garen, nach 15 Minuten die Grillfunktion einstellen. Er ist fertig, wenn die Käseschicht knusprig goldbraun erscheint.

Tipp: Das perfekte Essen zum Wiederaufwärmen oder zur Verwendung als kalter Zwischensnack. Ohne Speck präsentiert er sich zudem als vegetarisches Küchenhighlight.

PUTENSTEAKS

4 Port.

25 Min.

Leicht

Zutaten

750 g Kartoffeln
240 g Mais (etwa 1 Dose)
50 g Margarine
4 Putensteaks
1 TL Paprikapulver (edelsüß)
Salz + Pfeffer

Zusätzlich wird benötigt:
2 Pfannen
1 Kochtopf
1 Sieb

1 Die Kartoffeln mit Schale im Salzwassertopf etwa 20 Minuten garen. Danach im Sieb abtropfen und abkühlen lassen. Erst danach pellen und in Scheiben schneiden.

2 Etwa 40 g Margarine in der Pfanne erhitzen. Die Kartoffelscheiben darin goldbraun anbraten. Das Ganze mit Salz würzen.

3 Das Fleisch waschen und trockentupfen. In der zweiten Pfanne das Fleisch in der übrigen Margarine ungefähr 4 - 5 Minuten pro Seite anbraten. Anschließend die Putenbrüste salzen und pfeffern.

4 Das Paprikapulver auf die Bratkartoffeln streuen. Den Mais im Sieb abtropfen lassen und anschließend zu den Kartoffeln geben. Diesen 2 - 3 Minuten mitbraten. Danach das Putenfleisch und die Bratkartoffeln anrichten.

Nährwerte p. P.

462 kcal
75 g Kohlenhydrate
7 g Fett
46 g Eiweiß

BURGER

4 Port. 20 Min. Leicht

Zutaten

700 g Rinderhackfleisch
4 Hamburger-Brötchen
4 Eisbergsalatblätter
3 Gewürzgurken
4 EL Röstzwiebeln
4 EL Ketchup
2 EL Pflanzenöl
8 TL Butter
Salz + Pfeffer

Zusätzlich wird benötigt:
1 Pfanne
Backofengrill

1 Backofengrill vorheizen. Derweil das Hackfleisch ausgiebig salzen und pfeffern. Das Ganze gut mischen und aus dem Fleisch vier flache Burger-Pattys formen.

2 In der Pfanne das Öl erhitzen und die Pattys von beiden Seiten je 5 - 6 Minuten braten. Derweil die Gewürzgurken der Länge nach in Scheiben schneiden.

3 Die Brötchen halbieren und mit der Butter bestreichen. Diese kurz unter dem Grill rösten. Den Salat waschen, abtrocknen und in grobe Streifen schneiden. Auf die Brötchenunterseiten erst Eisbergsalatstreifen, dann je 1 EL Röstzwiebeln geben.

4 Burger-Patty auf die Zwiebeln legen und das Ganze mit je 1 EL Ketchup bestreichen. Danach die Gurkenscheiben und die Brötchenoberseite auflegen.

Nährwerte p. P.

537 kcal
25 g Kohlenhydrate
31 g Fett
38 g Eiweiß

GEFÜLLTES SCHNITZEL

 4 Port.  30 Min.  Leicht

Zutaten

100 g Ziegenfrischkäse
100 g Paniermehl
6 Tomaten (getrocknet in Öl)
4 Schweineschnitzel
2 Eier
1 Schalotte
4 EL Mehl
2 EL Pflanzenöl
2 EL Walnüsse (gehackt)
1 TL Basilikum (getrocknet)
Salz + Pfeffer

Zusätzlich wird benötigt:
3 Teller
1 Pfanne
1 Sieb
1 Schüssel
1 Topf
Frischhaltefolie
Holzspieße

Nährwerte p. P.

431 kcal
27 g Kohlenhydrate
18 g Fett
38 g Eiweiß

1 In der Pfanne die Nüsse als Erstes ohne Öl rösten. Die Tomaten im Sieb abtropfen lassen und das Öl auffangen. Die Schalotte schälen und hacken.

2 Das Tomatenöl in der Pfanne erwärmen und darin die Schalotte dünsten. Das Ganze in einer Schüssel mit den Tomaten, Nüssen sowie dem zerbröselten Käse vermischen. Alles gut salzen, pfeffern und mit Basilikum würzen.

3 Das Fleisch waschen und abtupfen. Frischhaltefolie auflegen und mit einem Topf flachklopfen. Seitlich nun je eine Tasche in das Schweinefleisch schneiden. Die Füllung aus Schritt 2 hineingeben. Zur Fixierung helfen Holzspieße.

4 Drei Teller jeweils mit Mehl, Paniermehl sowie aufgeschlagenen und verquirlten Eiern bereitstellen. Die Schnitzel erst im Mehl, dann im Ei und abschließend im Paniermehl wälzen.

5 Das Öl in der Pfanne erhitzen und die Schnitzel ca. fünf Minuten pro Seite braten.

WIRSING-HACK-PFANNE

4 Port.

30 Min.

Leicht

Zutaten

900 g Wirsing
600 g Hackfleisch (gemischt)
400 g saure Sahne
500 ml Fleischbrühe
2 Zwiebeln
2 Knoblauchzehen
3 EL Rapsöl
1 EL Tomatenmark
2 TL Majoran (getrocknet)
1 TL Paprikapulver (edelsüß)
½ TL Kümmel (gemahlen)
Salz + Pfeffer

Zusätzlich wird benötigt:
1 große Pfanne

Nährwerte p. P.

585 kcal
12 g Kohlenhydrate
42 g Fett
40 g Eiweiß

1 Den Knoblauch und die Zwiebeln schälen und fein hacken. Beides in der Pfanne im heißen Rapsöl andünsten. Danach das Fleisch krümelig und leicht gebräunt anbraten.

2 Den Wirsing waschen, die äußeren Blätter entfernen und den Strunk herausschneiden. Den Kohl in Streifen schneiden. Den Wirsing samt Gewürzen zur Fleischpfanne geben. Etwa zwei Minuten schmoren, anschließend die Brühe dazugeben.

3 Abgedeckt das Ganze etwa 30 Minuten vor sich hin köcheln lassen. Derweil sollte mehrmals umgerührt werden. Abschließend die Sahne unterheben sowie salzen und pfeffern. Nach 1 - 2 Minuten ist das Gericht fertig.

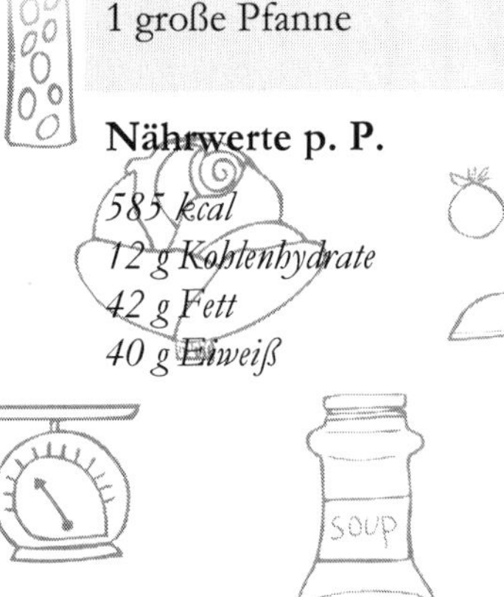

GRÜNE CANNELLONI

4 Port.

1 Std. 10 Min.

Mittel

Zutaten

500 g Blattspinat
150 g Mehl
150 g Hartweizengrieß
150 g Ricotta
125 g Mozzarella
100 g Schinken (roh)
50 g Pecorino (oder anderer Hartkäse)
80 ml Béchamelsoße
5 Eier
2 Knoblauchzehen
5 EL Olivenöl
1 EL Oregano
Salz + Pfeffer

Zusätzlich wird benötigt:
1 große Schüssel
1 Topf
1 Sieb
1 Auflaufform
1 Schüssel
Backofen

Nährwerte p. P.

705 kcal
53 g Kohlenhydrate
32 g Fett
38 g Eiweiß

1 In einer großen Schüssel Mehl, Grieß sowie vier Eier zu einer homogenen Masse vermischen. Mit 100 ml lauwarmem Wasser sowie einer Prise Salz zu einem glatten Teig verrühren und anschließend 30 Minuten abgedeckt ruhen lassen.

2 Den Spinat waschen, auslesen und putzen. Diesen im Topf kurz in heißem Wasser blanchieren. Schinken abtupfen und in Streifen schneiden. Den Mozzarella im Sieb abtropfen lassen und würfeln.

3 Die Knoblauchzehen schälen und zerdrücken. Den Oregano waschen, trocknen und fein hacken. Knoblauch, Oregano und Ricotta mit den Zutaten aus Schritt 2 vermengen. Das Ganze salzen und pfeffern.

4 Den Teig auf der bemehlten Arbeitsplatte etwa 2 mm dick ausrollen. Es sollten sich ca. 20 Quadrate mit 10 cm Seitenlänge ergeben. Diese Nudelplatten im Salzwassertopf etwa 5 - 6 Minuten vorgaren.

5 Den Backofen auf 250 Grad Celsius erhitzen. Die Spinatfüllung auf die Quadrate legen. Diese einrollen und mit der Naht nach unten in eine gefettete Auflaufform geben.

6 In der zweiten Schüssel die restlichen Zutaten zu einer Soße vermengen. Diese über die Cannelloni gießen. Das Gericht etwa 20 Minuten im Ofen backen.

Tipp: Béchamelsoße wird einfach selbst hergestellt - dazu 10 g Mehl und 10 g Butter anschwitzen. Nach und nach werden nun 100 ml Milch hinzugegossen. Das Ganze etwa fünf Minuten einköcheln lassen. Ein Lorbeerblatt während des Einkochens bringt etwas besondere Würze hinein. Mit je einer Prise Salz, Pfeffer und frisch geriebener Muskatnuss abschmecken.

MOUSSAKA

4 Port. | 2 Std. 10 Min. | Leicht

Zutaten

400 g Lammhackfleisch
400 g Tomaten (gehackt, Dose)
75 g Bergkäse
300 ml Milch
125 ml Olivenöl
3 Auberginen
je 1 Zwiebel + Knoblauchzehe
3 EL Butter
3 EL Mehl
2 EL Tomatenmark
2 EL Petersilie (frisch gehackt)
2 TL Minze (gehackt)
½ TL Zimt (gemahlen)
Salz + Pfeffer

Zusätzlich wird benötigt:
2 Pfannen
1 Auflaufform
1 Topf
1 Reibe
Backofen

1 Die Auberginen waschen, putzen und in ca. ½ cm dicke Scheiben schneiden. Diese mit Salz bestreuen und eine Stunde ruhen lassen. Knoblauch und Zwiebel schälen und fein hacken. Beides in etwa 2 EL Öl in der Pfanne glasig anbraten.

2 Das Hackfleisch zu den Zwiebeln in die Pfanne geben. Die Tomaten inklusive Flüssigkeit aus der Dose zum Hack hinzufügen. Danach die Kräuter sowie das Tomatenmark einrühren.

3 Die Auberginenscheiben abspülen, abtupfen und im übrigen Öl in der zweiten Pfanne beidseitig anbraten. Auflaufform einfetten und abwechselnd mit Hack- und Auberginen füllen. Den Abschluss bildet eine Gemüseschicht.

4 Backofen auf 220 Grad Celsius vorheizen. Im Topf Mehl und Butter anschwitzen. Danach das Ganze mit Milch ablöschen und 4 - 5 Minuten köcheln lassen, bis es sämig ist.

5 Die Soße über den Auflauf gießen. Den Käse reiben und als Topping darüberstreuen. Die Moussaka etwa 45 Minuten im Ofen backen lassen.

Nährwerte p. P.

572 kcal
15 g Kohlenhydrate
39 g Fett
41 g Eiweiß

HÄHNCHENPFANNE

 4 Port.  30 Min.  Leicht

Zutaten

520 g Hähnchenbrust (etwa 4 Stück)
400 g Brokkoli
150 g Sahne
100 g Shiitake-Pilze (oder andere Pilze)
200 ml Geflügelbrühe
1 Limette
1 Handvoll Weintrauben (kernlos)
1 ½ EL Butter
Salz + Pfeffer

Zusätzlich wird benötigt:
1 feuchtes Tuch
1 Pfanne

Nährwerte p. P.

310 kcal
8 g Kohlenhydrate
17 g Fett
33 g Eiweiß

1 Den Brokkoli putzen und in seine Röschen zerteilen. Die Pilze mit einem feuchten Tuch abreiben und in breite Streifen schneiden. Die Weintrauben waschen.

2 Das Fleisch abspülen, abtropfen lassen und eventuell halbieren. Je nach Dicke die Hähnchenbrüste bei niedriger bis mittlerer Temperatur von beiden Seiten je 3 – 5 Minuten in 1 EL zerlassener Butter in der Pfanne anbraten. Danach salzen, pfeffern und beiseitestellen.

3 In der restlichen Butter die Pilze sowie den Brokkoli 3 - 4 Minuten leicht anbraten. Dazu die Sahne und Brühe gießen. Die Soße 3 - 5 Minuten cremig einkochen.

4 Jetzt die Zitrone heiß waschen und abtrocknen. 1 EL der Schale abreiben. Danach die Zitrone halbieren und etwa 1 EL Zitronensaft auspressen. Diese beiden Komponenten mit den Weintrauben in die Pfanne geben.

5 Abschließend das Fleisch dazugeben, gut untermischen und so noch einmal kurz erwärmen. Dazu passt sehr gut ein Naturreisteller oder Rösti.

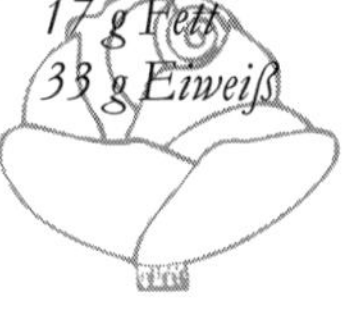

Hauptgerichte mit Fisch & Meeresfrüchten

Alternativ zum deftigen Fleischgenuss schenken Fischgerichte oft eine erhebliche Leichtigkeit. Dabei profitieren die Gaumenfreunde der Meereslebewesen zusätzlich von der Zufuhr von relevanten Omega-3-Fettsäuren und einigen mehrfach ungesättigten Fettsäuren. Diese sind sehr gesund und daher sollte immer wieder ein Fischgericht auf dem Speisentisch landen.

FISCH-SCHNECKEN

4 Port.

1 Std.

Mittel

Zutaten

1 kg Fischfilet
300 g Reis
200 g Minigurken
200 g Cocktailtomaten
150 g Sesam
125 g Zuckerschoten
125 g Blattspinat (frisch)
80 g Oliven (entsteint)
800 ml Gemüsebrühe
200 ml Weißweinessig
120 ml Olivenöl
4 Oreganozweige
2 Zitronen
1 Zwiebel (rot)
1 Knoblauchzehe
6 EL Rapsöl
1 TL Honig
1 TL Butter
Salz + Pfeffer

Zusätzlich wird benötigt:
1 Kochtopf
1 Schüssel
1 tiefer Teller
1 flacher Teller
1 Pfanne
Holzspieße

Nährwerte p. P.

985 kcal
23 g Kohlenhydrate
79 g Fett
46 g Eiweiß

1 Den Reis im Kochtopf mit der Brühe aufkochen. Die Hitze reduzieren und den Inhalt etwa 15 - 20 Minuten garen. Im Anschluss die Butter unterrühren und den Reis abkühlen lassen.

2 Währenddessen die Zwiebel schälen und in feine Ringe schneiden. Gurken und Schoten putzen und in Streifen schneiden. Die Tomaten waschen und halbieren sowie den Spinat putzen.

3 Den Knoblauch schälen und fein hacken. Den Oregano waschen, trocknen und die abgezupften Blätter grob zerteilen. Diese mit dem Knoblauch in eine Schüssel geben und mit dem Essig und dem Olivenöl vermischen. Dazu Honig und den Saft einer halben Zitrone geben. Das Ganze salzen, pfeffern und gut durchmengen.

4 Die Filets waschen, trockentupfen und auf Gräten untersuchen. Den Fisch in Streifen schneiden. Diese eng aufrollen, wobei die Hautseite außen liegen sollte. Holzspieße dienen der Fixierung.

5 Eine Zitrone zur Seite legen. Der restliche Saft der zweiten Zitrone auf einen tiefen Teller geben. Den Sesam auf einen flachen Teller streuen. Zuerst die Fischspieße im Zitronensaft wenden und anschließend beidseitig salzen. Erst jetzt wird der Fisch im Sesam gewälzt. Notfalls muss dieser angedrückt werden.

6 In der Pfanne das Rapsöl erhitzen und danach die Hitze reduzieren. Die Schnecken etwa sechs Minuten je Seite braten, bis sich der Sesam goldgelb färbt.

7 Reis und Gemüse mischen und die Oliven darüber verteilen. Darauf die Fischspieße arrangieren. Die zur Seite gelegte Zitrone in Spalten schneiden und auf dem Teller drapieren.

LACHS-WIRSING-ROULADEN

4 Port.

1 Std.

Leicht

Zutaten

500 g Lachsfilet (ohne Haut)
125 g Sahne
100 g Frischkäse
250 ml Hühnerbrühe
8 große Wirsingblätter
1 Zwiebel
1 Bund Petersilie
1 Ei
2 EL Semmelbrösel
1 EL Pflanzenöl
2 EL Mehl nach Belieben
Salz + Pfeffer

Zusätzlich wird benötigt:
1 Topf
1 Pfanne
1 Gratinform
Backofen

1 In zwei Gängen die Wirsingblätter im heißen Salzwasser ca. drei Minuten blanchieren. Danach kalt abschrecken und im Sieb abtropfen lassen. Anschließend die Blattrippe mit dem Messer abflachen.

2 Die Zwiebel schälen, klein würfeln und in der Pfanne im heißen Öl glasig andünsten. Danach die Pfanne vom Herd nehmen. Die Petersilie waschen, trocknen und klein hacken. Diese mit dem Frischkäse, den Bröseln sowie dem aufgeschlagenen Ei zu den Zwiebeln geben. Das Ganze mit Salz und Pfeffer abschmecken.

3 Backofen auf 180 Grad Celsius vorheizen. Den Lachs abspülen, trockentupfen und in acht gleich große Stücke teilen.

4 Die Wirsingblätter auslegen, mit Käsecreme bestreichen und einem Stück Fisch belegen. Die Seiten der Blätter einschlagen und das Ganze zu einer Roulade einrollen.

5 Die Rouladen in eine ofenfeste Form legen. Anschließend mit Brühe und Sahne auffüllen. Auf der mittleren Schiene für 30 - 35 Minuten garen. Nach Belieben die Soße durch Hinzugabe von Mehl andicken. Die Fischroulade wird beispielsweise zu Kartoffelpüree gereicht.

Nährwerte p. P.

510 kcal
29 g Kohlenhydrate
23 g Fett
30 g Eiweiß

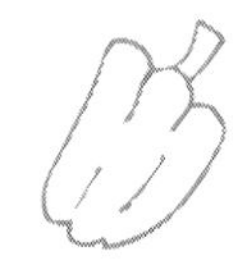

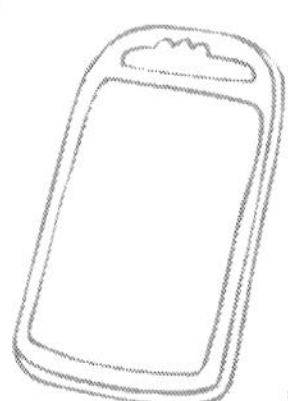

KOKOS-HEILBUTT

 4 Port.
 20 Min.
 Leicht

Zutaten

500 g Heilbutt (etwa 4 Filets)
230 g Macadamianüsse (fein gehackt)
125 g Mehl
60 g Butter
750 ml Kokosmilch
2 Eier
3 EL Currypaste
2 EL Koriander (frisch gehackt)
2 EL Pflanzenöl (Erdnussöl)
Salz + Pfeffer

Zusätzlich wird benötigt:
3 Teller
2 Töpfe
1 Backblech
Backpapier
Backofen

Nährwerte p. P.

848 kcal
32 g Kohlenhydrate
64 g Fett
37 g Eiweiß

1 In einem Topf das Öl erhitzen und die Currypaste ca. eine Minute darin auflösen. Dazu die Kokosmilch geben.

2 Wenn der Topfinhalt aufkocht, die Hitze reduzieren und das Ganze in etwa 20 Minuten um die Hälfte einkochen. Mit einem Löffel das Fett abschöpfen. Die Soße salzen.

3 Drei Teller bereitstellen. Mehl, verquirlte Eier sowie Nüsse auf je einen Teller geben. Den Fisch waschen, trockentupfen und der Reihe nach durch Mehl, Eier und Nüsse ziehen und wenden.

4 Backofen auf 200 Grad Celsius vorheizen und ein Backblech mit Backpapier auslegen. Im kleinen Topf die Butter zerlassen. Die Fischfilets mit Butter übergießen. Diese nun etwa 15 Minuten im Ofen backen und im Anschluss an Kokossoße anrichten sowie mit Koriander bestreuen.

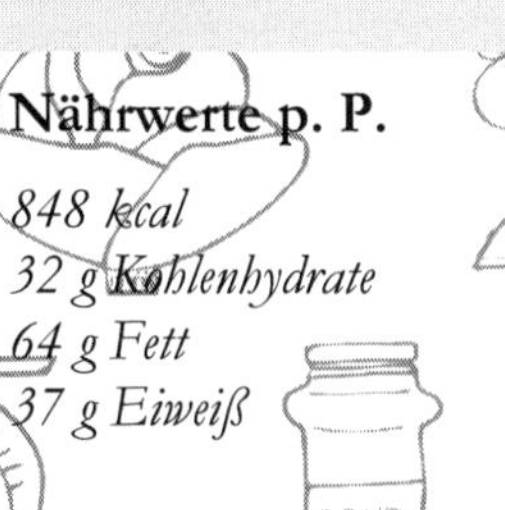

LACHSSAHNE AN CHINAKOHLNUDELN

4 Port.

30 Min.

Leicht

Zutaten

400 g Nudeln
400 g Chinakohl
300 g Sahne
200 g Räucherlachs
125 ml Gemüsebrühe
3 Schalotten
1 Knoblauchzehe
1 Kressebeet
1 EL Butter
1 - 2 TL Zitronensaft
Salz + Pfeffer

Zusätzlich wird benötigt:
1 Kochtopf
1 Pfanne

Nährwerte p. P.

780 kcal
80 g Kohlenhydrate
37 g Fett
30 g Eiweiß

1 Die Nudeln entsprechend der Vorgabe auf der Verpackung im Salzwassertopf garen.

2 Den Chinakohl waschen, putzen und in etwa 2 x 2 cm große Stücke schneiden. Zwei Minuten vor dem Ende der Nudelgarzeit den Chinakohl mit in den Topf geben.

3 Die Schalotten und den Knoblauch schälen und würfeln. Beides in der zerlassenen Butter in der Pfanne andünsten. Danach das Ganze mit Brühe und Sahne aufgießen und unter starker Hitze fünf Minuten offen einkochen lassen.

4 Den Lachs trockentupfen und in Streifen schneiden. Diesen in die Soße geben und mit Salz, Pfeffer und Zitronensaft würzen.

5 Nudeln und Kohl im Sieb abtropfen lassen. Danach beides für 2 - 3 Minuten in der Lachssahne schwenken. Final wird die Kresse unter das Gericht gemischt. Ein paar Kresseblätter eignen sich auch zur Garnierung.

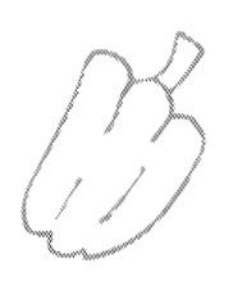

MATJESTOPF

 4 Port.  2 Std. 20 Min.  Leicht

Zutaten

100 g Sahne
100 g saure Sahne
4 Matjesfilets
2 Stängel Dill
1 Bund Frühlingszwiebeln
1 Handvoll Zuckerschoten
½ Apfel (fest)
1 EL Weißweinessig (mild)
½ TL Senfkörner
1 Prise Zucker
Salz + Pfeffer

Zusätzlich wird benötigt:
1 Schüssel
1 Topf
1 Sieb

Nährwerte p. P.

345 kcal
6 g Kohlenhydrate
29 g Fett
15 g Eiweiß

1 In einer großen Schüssel die Sahnevarianten mit dem Essig und je einer Prise Zucker, Salz und Pfeffer miteinander vermengen. Die Masse sollte glattgerührt sein.

2 Den Dill waschen, trocknen und die Spitzen ablösen. Eine Hälfte des Dills klein hacken und unter die Sahne rühren. Die andere Hälfte zur Seite legen.

3 In einem kleinen Topf Salzwasser aufkochen und die geputzten Schoten darin zwei Minuten blanchieren. Danach im Sieb abtropfen lassen und mit kaltem Wasser abschrecken. Anschließend die Zuckerschoten rautenförmig zuschneiden.

4 Die Frühlingszwiebeln waschen, trocknen und in feine Ringe schneiden. Die Apfelhälfte gründlich waschen, dritteln, vom Kerngehäuse befreien und danach in dünne Scheiben schneiden.

5 Den Fisch abtupfen und in die Soße geben. Ebenso gehören jetzt Apfelscheiben sowie Frühlingszwiebelringe in die saure Marinade. Der Matjestopf sollte mindestens zwei Stunden durchziehen. Vor dem Servieren mit den restlichen Dillspitzen garnieren. Dazu passen am besten Ofenkartoffeln oder frisches Bauernbrot.

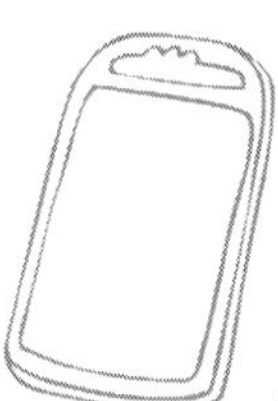

FISCH-GEMÜSE-EINTOPF

4 Port.

30 Min.

Leicht

Zutaten

400 g Süßwasserfisch (Zander oder Forelle)
200 g Kartoffeln (festkochend)
100 g Champignons
800 ml Fischfond (oder Gemüsebrühe)
1 Zwiebel
1 Zucchino
2 EL Dillspitzen (frisch)
1 EL Pflanzenöl
4 TL Crème fraîche
Salz + Pfeffer

Zusätzlich wird benötigt:
1 Topf

Nährwerte p. P.

220 kcal
9 g Kohlenhydrate
9 g Fett
22 g Eiweiß

1 Die Zwiebel schälen und würfeln. Die Kartoffeln waschen, der Länge nach halbieren und in dünne Scheiben schneiden. Die Pilze putzen und ebenfalls in Scheiben schneiden. Zucchino waschen, putzen und längs halbieren. Auch sie wird in Scheiben geschnitten.

2 Im Topf die Zwiebel im erhitzten Öl etwa drei Minuten andünsten. Die Brühe angießen und das Ganze aufkochen. In etwa 8 - 10 Minuten die Kartoffeln zugedeckt darin bissfest garen. Danach die Pilze sowie die Zucchino hinzufügen. Das Ganze weitere 3 - 4 Minuten kochen lassen.

3 Den Fisch abspülen, abtupfen, klein schneiden und im Gemüsetopf bei schwacher Hitze 4 - 5 Minuten garen lassen. Vor dem Servieren ein Klecks Crème fraîche sowie ein paar Dillspitzen als Garnierung auf das Gericht geben.

KRUSTENFISCH

4 Port.

40 Min.

Leicht

Zutaten

480 g Fischfilet (etwa 4 Stück)
50 g Butter (weich)
2 Tomaten (getrocknet + in Öl)
1 Bund Zitronenmelisse
1 Bund Petersilie
1 Handvoll Kerbel
1 Eiweiß
2 EL Semmelbrösel
2 EL Parmesan (frisch gerieben)
½ TL Zitronenschalenabrieb
Salz + Pfeffer

Zusätzlich wird benötigt:
1 ofenfeste Form
1 Sieb
1 Schüssel
Backofen

Nährwerte p. P.

223 kcal
4 g Kohlenhydrate
15 g Fett
17 g Eiweiß

1 Backofen auf 200 Grad Celsius erhitzen. Auflaufform mit etwa 1 TL Butter einfetten. Den Fisch abspülen, trockentupfen und in die Ofenform legen.

2 Die Kräuter waschen, trocken schütteln und deren Blätter fein hacken. Die Tomaten erst im Sieb abtropfen lassen, bevor sie klein gewürfelt werden.

3 In einer Schüssel die übrige Butter mit Salz und Pfeffer schaumig rühren. Danach das Eiweiß unterheben. Die Zitronenschale plus Kräuter und Tomaten in diese Masse geben. Ergänzend erhält diese Panade ihre Festigkeit durch Parmesan und Brösel.

4 Die noch weiche Kruste auf die Filets auftragen. Im Ofen den Fisch ca. 15 - 20 Minuten garen. Dazu harmoniert ein leichtes Risotto beziehungsweise Kartoffelpüree.

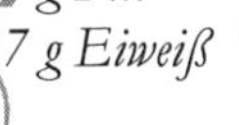

GARNELENNUDELN

4 Port.

30 Min.

Leicht

Zutaten

400 g Tagliatelle
250 g Garnelen
250 g Sahne
200 g Erbsen (TK)
300 ml Gemüsebrühe
2 Lauchstangen
2 Knoblauchzehen
1 Zitrone
2 EL Olivenöl
Salz + Pfeffer

Zusätzlich wird benötigt:
1 Topf
1 Zestenreißer
1 Pfanne
1 Sieb

Nährwerte p. P.

710 kcal
87 g Kohlenhydrate
27 g Fett
28 g Eiweiß

1 Im Salzwassertopf die Nudeln nach Packungsanleitung bissfest garen. Die Zitrone heiß abwaschen, trocknen und mit dem Zestenreißer die Schale abziehen. Die Zitrone halbieren und eine Hälfte in ein Schälchen auspressen.

2 Die Erbsen erst einmal antauen lassen. Den Knoblauch schälen und fein hacken. Den Lauch waschen, putzen und diagonal in Ringen schneiden.

3 In der Pfanne das Öl erhitzen. Darin Knoblauch, Erbsen sowie Lauch für 2 – 3 Minuten andünsten. Jetzt wird mit Brühe und Sahne aufgegossen. Erst danach werden der Zitronensaft sowie die Garnelen beigemengt. Wenn die Zitronenschale hinzugefügt ist, die Soße bei mittlerer Hitze etwa fünf Minuten fast zu einer Art Creme einkochen lassen.

4 Die Nudeln im Sieb abgießen. Wenn sie ausreichend abgetropft sind, diese zur Soße in die Pfanne geben und gut untermengten. Die Nudeln noch einmal zwei Minuten durchziehen lassen.

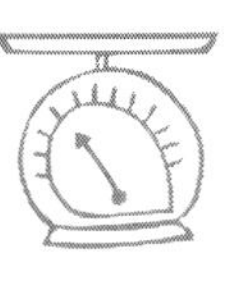

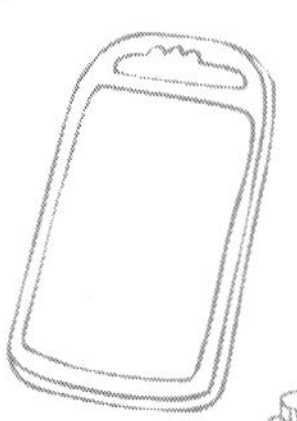

Vegetarische Hauptgerichte

Wer auf Fleisch sowie Fisch verzichten beziehungsweise den Fleischkonsum einfach eindämmen möchte, greift auf leichte und ebenso proteinreiche Speisen aus dem Gemüsegarten zurück. Und auch die tierischen Endprodukte Käse, Sahne, Milch oder Ei liefern sehr viele Proteine und wichtige Aminosäuren. Bei so viel Vielfalt muss es nicht unbedingt Fleisch sein!

KNACKIGE FRITTATA AUS DEM OFEN

4 Port. | 35 Min. | Leicht

Zutaten

150 g Gouda
150 g Frischkäse (körnig)
125 g Blattspinat (frisch)
10 Eier
5 große Vollkornbrotscheiben (oder 10 Baguettescheiben)
1 Bund Schnittlauch
1 Handvoll Salatmix (oder Sprossen)
1 EL Olivenöl
1 TL Butter
Salz + Pfeffer

Zusätzlich wird benötigt:
1 Käsereibe
1 große Schüssel
1 ofenfeste Pfanne (etwa 27 cm Durchmesser)
Backofen

1 Backofen auf 180 Grad Celsius vorheizen. Den Gouda grob reiben. Salat waschen und mundgerecht zurechtzupfen. Schnittlauch waschen, trocknen und in feine Röllchen schneiden.

2 Die Eier in einer großen Schüssel aufschlagen und mit der Gabel gut aufschlagen. 4/5 des Reibekäses sowie die Hälfte des Schnittlauchs zu den Eiern geben. Frischkäse unterrühren und alles gut durchrühren. Das Ganze ordentlich salzen und pfeffern.

3 Butter sowie Öl in ofenfester Pfanne erhitzen. Den Blattspinat waschen und nass mit in die Pfanne geben. Den Spinat bei mittlerer Temperatur erwärmen, bis er zusammenfällt. Dazu wird die Ei-Masse gegeben. Den Pfanneninhalt im Ofen etwa 25 Minuten garen lassen.

4 In den letzten 2 - 3 Minuten der Backzeit die Vollkornscheiben im Ofen mitrösten. Die Pfanne entnehmen und mit restlichem Schnittlauch, Käse sowie dem Salatmix bestreuen.

Nährwerte p. P.

598 kcal
27 g Kohlenhydrate
40 g Fett
32 g Eiweiß

Tipp: Frittata-Reste lassen sich gut als kalter Snack für zwischendurch verwenden.

GEMÜSESCHNITZEL

4 Port.

45 Min.

Leicht

Zutaten

500 g gemischtes Gemüse (Kohlrabi, Möhren, Zucchini etc.)
125 ml Gemüsebrühe
2 Eier
1 EL Weizenvollkornmehl
1 EL Petersilie (frisch gehackt)
1 EL Schnittlauchröllchen
1 EL Olivenöl
etwas Feinblatt-Haferflocken
Salz + Pfeffer

Zusätzlich wird benötigt:
2 Töpfe
1 Backblech
Backpapier
Backofen

Nährwerte p. P.

69 kcal
4 g Kohlenhydrate
4 g Fett
3 g Eiweiß

1 Die Brühe samt Öl und 1 TL Salz im Topf aufkochen. Mehl hinzufügen und rühren. Wenn sich der Teig vom Topfboden löst, den Brandteig vom Herd nehmen. Ein komplettes Ei sowie ein Eigelb unterrühren. Das Ganze dann abkühlen lassen.

2 Das Gemüse waschen, eventuell schälen sowie klein würfeln und im Salzwassertopf bissfest garen. Das Gemüse anschließend abgießen und abkühlen lassen.

3 Backofen auf 170 Grad Celsius vorheizen und das Blech mit Backpapier belegen. Brandteig sowie Gemüse jetzt miteinander vermischen. Die Kräuter unterheben sowie salzen und pfeffern. Sollte die Mischung zu feucht sein, die Haferflocken untermengen.

4 Den Gemüseteig zu 1,5 cm dicken Scheiben formen. Diese auf das Backblech legen und etwa 20 Minuten backen.

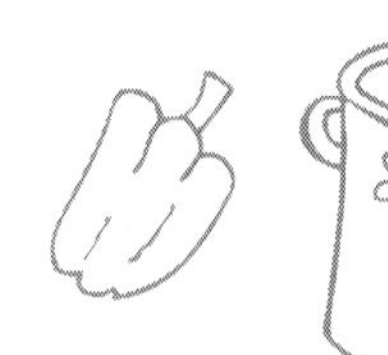

KOHLSTRUDEL

 4 Port.  55 Min. Mittel

Zutaten

1 kg Weißkohl (1 großer oder 2 kleine)
2 Rollen Dinkelblätterteig
2 Gemüsezwiebeln
1 Bund Schnittlauch
1 Ei
3 EL Apfelessig
2 EL Olivenöl
4 TL Honig
2 TL Kümmel (gemahlen)
2 TL Majoran (getrocknet)
2 TL Thymian (getrocknet)
Salz + Pfeffer

Zusätzlich wird benötigt:
1 große Pfanne
1 Tasse
2 Backbleche
Backpapier
Backofen

Nährwerte p. P.

654 kcal
63 g Kohlenhydrate
39 g Fett
10 g Eiweiß

1 Backofen auf 180 Grad Celsius vorheizen und die Backbleche mit Backpapier auslegen. Die Zwiebeln schälen und in feine Streifen schneiden. Den Schnittlauch waschen, trocknen und in feine Röllchen schneiden. Den Kohl halbieren, dessen Strunk entfernen und ebenfalls in feine Streifen schneiden.

2 In der großen Pfanne erst das Öl erhitzen, danach den Honig karamellisieren. Anschließend die Zwiebeln dazugeben und zwei Minuten anbraten. Anschließend den Weißkohl dazugegeben. Diesen bei mittlerer Temperatur etwa 7 - 10 Minuten dünsten. Das Ganze mit den Gewürzen, Essig sowie Salz und Pfeffer abschmecken.

3 Auf dem Backpapier eine Rolle Blätterteig auslegen. Die Hälfte der Kohlpfanne der Länge nach auf dem Strudelteig verteilen. Es sollten etwa 3 - 4 cm Teig seitlich frei bleiben. Die Seiten nun über dem Kohl zusammenschlagen. Genauso mit dem zweiten Strudel verfahren.

4 Das Ei aufschlagen und in einer Tasse verquirlen. Den Strudel damit bestreichen. Mit einer Gabel den Strudel einstechen, damit der Teig aufgeht. Den Kohlstrudel 30 Minuten im Ofen backen.

Tipp: Dazu passt am besten Zwiebelmarmelade. Dazu zwei rote Zwiebeln schälen und feine Streifen schneiden. In einem Topf 2 EL Olivenöl erhitzen und die Zwiebelstreifen bei mittlerer Hitze glasig anschwitzen. Dann 2 TL Honig, 1 EL dunkler Balsamico sowie etwa 100 ml Traubensaft unterrühren. Das Ganze 15 Minuten köcheln lassen, bis der Inhalt einem Sirup gleicht und die Zwiebeln rot gefärbt sind. Diese Marmelade kann als Topping zu 250 g cremig geschlagener saurer Sahne verwendet werden. Diese Zwiebelmarmelade harmoniert ebenso bestens zu Käsevariationen oder Grillgemüse.

GEFÜLLTE RAVIOLI

 4 Port.

 1 Std. 5 Min.

Leicht

Zutaten

400 g Mehl
400 g Champignons
300 g Tomaten
100 g Zwiebeln
100 g Ricotta
40 g Butter
40 g Parmesan (gerieben)
100 ml Gemüsebrühe
5 Eier
1 Knoblauchzehe
1 Bund Petersilie (glatt)
½ Bund Thymian
4 EL Olivenöl
2 EL Basilikumstreifen
Salz + Pfeffer

Zusätzlich wird benötigt:
2 Schüsseln
1 Pfanne
1 Topf
(Raviolirad)

Nährwerte p. P.

716 kcal
77 g Kohlenhydrate
30 g Fett
26 g Eiweiß

1 Vier Eier in einer Schüssel aufschlagen und mit dem Mehl, 1 TL Salz und ca. 2 EL Wasser vermengen. Es soll ein glatter Teig entstehen. Diesen etwa fünf Minuten kneten und anschließend 30 Minuten ziehen lassen.

2 Die Pilze putzen, klein hacken und in der Pfanne mit zerlassener Butter etwa drei Minuten anbraten. Knoblauch und Zwiebel schälen, fein hacken und zu den Pilzen geben. Die Brühe angießen.

3 Die Kräuter waschen, trocken schütteln und die abgezupften Blättchen fein hacken. Diese zur Pilzmischung geben. Das Ganze drei Minuten vor sich hin köcheln lassen. Abschließend salzen, pfeffern und abkühlen lassen.

4 Das letzte Ei trennen. Die abgekühlte Pilzmischung mit Ricotta sowie etwa der Hälfte des geriebenen Käses mischen. Das Eigelb unterrühren.

5 Den Teig auf der bemehlten Küchenplatte etwa 2 - 3 mm dick ausrollen und in Streifen mit 10 cm Seitenlänge schneiden. Die Hälfte der Streifen mittig mit Füllung belegen. Es sollten stets kleine Häufchen im Abstand von etwa 3 cm drapiert werden.

6 Das Eiweiß mit etwa 2 EL Wasser mischen und damit die Ränder einstreichen. Die andere Hälfte der Teigstreifen auf die Füllung legen und anpressen. Mit einem Raviolirad die einzelnen Teigtaschen verschließen und gleichzeitig zurechtschneiden. Einzelne Ravioli trennen und mit einer Gabel ringsumher den Rand eindrücken.

7 Die Ravioli im Salzwassertopf ca. 6 - 8 Minuten garen. Anschließend im Sieb abtropfen lassen.

8 Die Tomaten waschen, die Haut einritzen und mit heißem Wasser überbrühen. Jetzt können sie einfach gehäutet werden. Anschließend das Tomatenfleisch würfeln.

9 Öl in der Pfanne erhitzen und die Ravioli darin anbraten. Jetzt die Tomaten dazugeben und alles etwa drei Minuten braten. Anschließend salzen, pfeffern sowie mit dem restlichen Käse bestreuen. Die Basilikumstreifen obenauf geben.

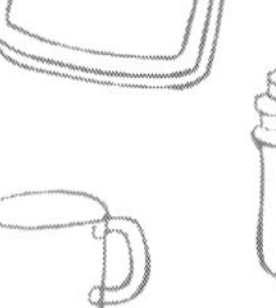

FRUCHTIGE PFANNKUCHEN

 4 Port.  1 Std. 15 Min.  Leicht

Zutaten

250 g Mehl
400 ml Milch
4 Eier
2 Äpfel (oder Früchte nach Wahl)
2 EL Rapsöl
1 TL Zucker
1 Prise Salz

Zusätzlich wird benötigt:
1 Schüssel
1 Handrührgerät (Schneebesen)
1 Pfanne
1 Schöpfkelle

1 Die Äpfel waschen, schälen und vierteln. Das Kerngehäuse sowie den Blütenansatz herausschneiden. Danach die Äpfel in dünne Spalten schneiden.

2 In einer großen Schüssel Milch, Mehl, Salz sowie Zucker gut miteinander vermengen. Die Eier aufschlagen sowie hinzufügen. Das Ganze rühren, bis ein glatter Teig entsteht. Diesen am besten eine halbe Stunde ruhen lassen, damit die Pfannkuchen später luftiger werden.

3 Ein wenig Öl in der Pfanne erhitzen. Etwa eine Schöpfkelle Teig pro Pfannkuchen in der Pfanne gut verteilt. Die Apfelspalten auf die Oberseite legen.

4 Nach etwa 3 - 5 Minuten sollte der Pfannkuchen auf der Unterseite gebräunt sein. Jetzt den Eierkuchen wenden und auch von der anderen Seite bräunen.

Nährwerte p. P.

413 kcal
51 g Kohlenhydrate
17 g Fett
15 g Eiweiß

Tipp: Vor dem Servieren den Pfannkuchen mit Zucker und Zimt bestreuen. Allerdings lässt er sich auch herzhaft mit beispielsweise feiner Leberwurst oder Marmelade bestreichen. Alternativ zu den Äpfeln passen ebenso fein geschnittener Rhabarber, Pflaumen oder Heidelbeeren.

BURRITO-ÜBERRASCHUNG

4 Port.

20 Min.

Leicht

Zutaten

150 g Kidneybohnen
150 g Gouda (gerieben)
25 g Butter
50 ml Sahne
6 Eier
4 Tortillas
½ Bund Frühlingszwiebeln
½ Bund Koriander
Salz + Pfeffer

Zusätzlich wird benötigt:
1 Pfanne mit Deckel
1 Sieb
1 Schüssel
1 ofenfeste Form
Backofen

Nährwerte p. P.

507 kcal
27 g Kohlenhydrate
32 g Fett
27 g Eiweiß

1 Frühlingszwiebeln waschen und in dünne Ringen schneiden. Diese in der Pfanne in der zerlassenen Butter unter stetem Rühren kurz andünsten. Die Bohnen im Sieb abspülen und abtropfen lassen. Diese anschließend zu den Zwiebelringen in die Pfanne geben.

2 Die Eier aufschlagen und in der Schüssel verquirlen. Den Koriander waschen, trocken schütteln und fein hacken. Diesen mit der Sahne und den Eiern gut vermengen. Die Ei-Mischung in die Pfanne geben und unter regelmäßigem Rühren langsam stocken lassen.

3 Den Käse in die Pfanne geben. Diesen bei geschlossenem Deckel schmelzen lassen. Danach das Ganze salzen und pfeffern. Derweil den Backofen auf 170 Grad Celsius vorheizen.

4 Die Tortillas mit Wasser einstreichen. Danach die Ei-Käse-Mischung mittig auf den Maisfladen aufstreichen. Anschließend die Tortillas einrollen, in die Ofenform legen und etwa fünf Minuten im Ofen backen.

Alternativen: Burritos können ebenso lecker mit einer scharfen Hackfleischvariante samt Mais und Salat gefüllt werden. Als vegane Variante funktioniert ebenso eine Feta-Avocado-Paprika-Version. Außerdem stehen Burrito-Optionen mit Hühnchen sowie Spiegelei oder auch gezupftem (Rind-) Fleisch mit in Sesamöl gebratenen Erdnüssen.

GRÜNE SUPPE MIT CRUNCH

4 Port.

30 Min.

Leicht

Zutaten

300 g Erbsen (TK)
150 g Feta
100 g Cashewkerne
1 l Gemüsefond
2 Scheiben Vollkornbrot
1 Bund Frühlingszwiebeln
1 Handvoll Minzblätter
3 EL Olivenöl
1 Spritzer Zitronensaft + etwas Zitronenschalenabrieb
Salz + Pfeffer

Zusätzlich wird benötigt:
1 Topf
1 Stabmixer
1 Backblech
Backpapier
Backofen

Nährwerte p. P.

586 kcal
23 g Kohlenhydrate
49 g Fett
13 g Eiweiß

1 Backofen auf 180 Grad Celsius vorheizen und das Backblech mit Backpapier auslegen. Das Brot in kleine Stücke zupfen. Die Brotstücke auf dem Blech verteilen und mit 1 EL Öl und Salz bestreuen. Anschließend 15 - 20 Minuten im Ofen kross backen.

2 Die Frühlingszwiebeln putzen und grob zerschneiden. Die Minze waschen, trocken schütteln und die Blätter abzupfen. Im Topf das restliche Öl erhitzen und die Frühlingszwiebeln darin anschwitzen.

3 Danach die Erbsen sowie die Minze mit in den Topf geben und mit der Brühe auffüllen. Die Cashewkerne halbieren und in den Topf geben. Das Ganze mit einem Spritzer Zitronensaft veredelt zehn Minuten bei mittlerer Hitze köcheln lassen.

4 Die Suppe mit dem Stabmixer fein pürieren und in die Schüsseln geben. Den Feta zerbröseln und als Topping darübergeben. Ebenso die krossen Brotstücke dazugeben. Die Zitrone heiß abwaschen und davon etwas Schale abreiben. Diese dient der Veredelung dieses Gerichts.

Tipp: Die Suppe kann warm oder kalt serviert werden. Kalt sollte sie erneut püriert werden.

RISOTTO AUS DEM OFEN

 4 Port.

 55 Min.

 Leicht

Zutaten

500 g Risottoreis
350 g Erbsen
100 g Parmesan
50 g Butter (plus 1 EL zum Anbraten)
1 ½ l Gemüsebrühe
1 Bund Frühlingszwiebeln
1 Bund Schnittlauch
1 Zitrone
1 Knoblauchzehe
1 ½ EL Olivenöl
Salz + Pfeffer

Zusätzlich wird benötigt:
1 ofenfeste Form
1 Pfanne
1 Reibe
Alufolie
Backofen

Nährwerte p. P.

746 kcal
49 g Kohlenhydrate
52 g Fett
18 g Eiweiß

1 Backofen auf 180 Grad Celsius vorheizen sowie die ofenfeste Form mit etwas Öl einreiben. Reis Brühe in die Auflaufform geben. Die Form mit einem löchrigen Deckel oder einer Alufolie zudecken. Die Alufolie dabei mit einer Gabel einstechen. Den Reis 40 Minuten garen lassen, bis die Flüssigkeit aufgesaugt ist.

2 Die Frühlingszwiebeln waschen und in feine Ringe schneiden. Den Knoblauch schälen und in dünne Scheiben schneiden. Den Schnittlauch waschen und in Röllchen schneiden.

3 Das restliche Öl sowie den Esslöffel Butter in der Pfanne erhitzen. Darin den Knoblauch und die Frühlingszwiebeln anbraten. Danach die Erbsen hinzugeben und bei mittlerer Hitze 3 - 5 Minuten mitbraten.

4 Die Zitrone heiß abwaschen und die Schale abreiben. Danach die Zitrone halbieren. Eine Hälfte in die Pfanne pressen. Dazu den Abrieb sowie den Schnittlauch geben. Das Ganze salzen und pfeffern.

5 Den Parmesan fein reiben und ein wenig davon zur Seite stellen. Danach das Risotto aus dem Ofen nehmen. Den Käse sowie die 50 g Butter unter den Reis rühren. Anschließend salzen und pfeffern.

6 Final die Erbsen mittig auf das Risotto streuen. Dazu den beiseitegelegten Käse geben.

Alternativen: Das Risotto aus dem Ofen funktioniert auch mit karamellisierten Jungmöhren oder mit einer Mischung aus Pilzen und gedünstetem Blattspinat.

Vegane Hauptgerichte

Mit einer komplett freien Ernährung von tierischen Produkten setzt der Genussfreund erstens auf ökologischen Ausgleich und zweitens auf natürliche Produkte aus Garten und Feldwirtschaft. Da kommt es nicht überraschend, dass auch bei dieser Einschränkung immer wieder neue Ideen auf den Tisch gelangen. Mit Leichtigkeit und der Essenz aus den relevanten Nährstoffen sowie manch förderlichen Pflanzenstoffen versorgt man sich auf veganem Weg gesund und nachhaltig. Dabei fällt schnell auf, dass dank der umfangreichsten Lebensmittelkategorie der Gemüsesorten ein nie enden wollender Schatz auf einen wartet - vor allem in saisonaler Abwechslung.

RATATOUILLE

4 Port.

30 Min.

Leicht

Zutaten

2 Zucchini
2 Paprika (rot)
2 Knoblauchzehen
1 große Aubergine (oder 2 kleine)
1 Zwiebel
1 kleine Dose Tomatenstücke (etwa 200 g)
2 EL Olivenöl
1 EL Kräuter der Provence
1 Prise Paprikapulver
Salz

Zusätzlich wird benötigt:
1 Topf

1 Aubergine und Zucchini putzen, halbieren und würfeln. Den wässrigen Mittelteil der Zucchini mit einem Löffel ausschaben. Paprika waschen, halbieren, von den Kernen befreien und ebenfalls würfeln.

2 Die Zwiebel schälen und würfeln. Anschließend in einem Topf im erhitzten Öl zwei Minuten andünsten. Knoblauchzehen schälen sowie in die Zwiebeln pressen. Danach die Gemüsewürfel sowie die Tomaten aus der Dose dazugeben. Das Ganze bei mittlerer Hitze etwa zehn Minuten köcheln lassen.

3 Nach der Hälfte der Zeit die Kräuter dazugeben. Zum Schluss mit Salz sowie Paprikapulver würzen.

Nährwerte p. P.

169 kcal
16 g Kohlenhydrate
8 g Fett
6 g Eiweiß

Tipp: Ratatouille bietet die Vorteile von frischem Gemüse zu allerhand verschiedenen Beilagen wie Brot, Reis oder Bratlingen. Zudem schenkt es überbacken im Ofen ebenso eine leckere Auflaufvariante.

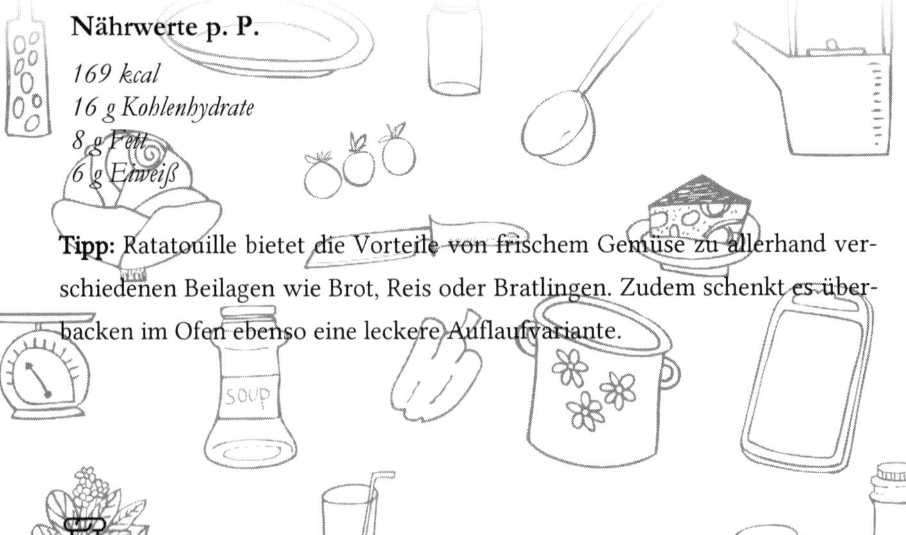

CURRY-MÖHRENCREME-SUPPE

4 Port. 35 Min. Leicht

Zutaten

400 g Möhren
100 g Süßkartoffeln
800 ml Gemüsebrühe
1 Zwiebel
1 Knoblauchzehe
½ Bund Koriander (oder Petersilie)
2 EL Pflanzenöl
2 TL Currypulver
2 TL Mehl
Salz + Pfeffer

Zusätzlich wird benötigt:
1 Topf
1 Pürierstab
1 Sieb

Nährwerte p. P.

247 kcal
10 g Kohlenhydrate
23 g Fett
1 g Eiweiß

1 Das Gemüse schälen und grob würfeln. Die Zwiebel schälen und fein hacken.

2 Das Öl im Topf erhitzen und die Zwiebelstücke darin glasig anschwitzen. Dazu den Knoblauch pressen. Die Gemüsewürfel hinzufügen und das Ganze mit der Brühe aufgießen. Nach dem Aufkochen die Hitze stark reduzieren und etwa 25 Minuten köcheln lassen.

3 Den Koriander waschen, trocken schütteln und klein hacken. Den Topfinhalt mit dem Pürierstab fein pürieren. Nun das Mehl in die Suppe sieben und unterrühren. Danach die Suppe erneut aufkochen. Das Ganze fünf Minuten köcheln lassen und anschließend mit dem Koriander bestreuen.

RÖST-BLUMENKOHL

4 Port.

45 Min.

Leicht

Zutaten

480 g weiße Bohnen (aus der Dose)
125 g Zuckerschoten
2 Blumenkohlköpfe
1 rote Zwiebel
1 Bund Radieschen
1 Bund Petersilie
250 ml Olivenöl
2 EL Sesam
3 TL Kreuzkümmelsamen
Salz + Pfeffer

Zusätzlich wird benötigt:
2 Backbleche
1 Sieb
Backpapier
Backofen

Nährwerte p. P.

607 kcal
38 g Kohlenhydrate
42 g Fett
14 g Eiweiß

1 Backofen auf 180 Grad Celsius vorheizen sowie zwei Bleche mit Backpapier belegen. Den Blumenkohl waschen und die Röschen vom Strunk entfernen.

2 Die Röschen auf die Backbleche geben. Darauf das Öl verteilen. Den Blumenkohl nun mit Kümmel sowie Sesam bestreuen. Danach kräftig salzen und pfeffern. Das Ganze etwa 30 Minuten im Ofen backen.

3 Die Zwiebel schälen, halbieren und in dünne Scheiben schneiden. Die Radieschen waschen, putzen und ebenfalls in dünne Scheiben schneiden. Die Zuckerschoten putzen und in der Länge halbieren. Die Bohnen im Sieb abtropfen lassen.

4 Die Petersilie waschen, trocken schütteln und fein hacken. Das Gemüse separat zu drei Häufchen anrichten. Einen größeren Freiraum für den Blumenkohl lassen. Dieser kommt aus dem Ofen direkt auf den Teller.

5 Backpapier zu einem Trichter formen und das Öl mit dem krossen Sesam über die Röschen fließen lassen. Abschließend mit der Petersilie bestreuen.

Alternative: Das getrennte Gemüse erweist sich als simpel für junge Kleinkinder in der Ausprobierphase. Für größere Kinder lassen sich Zuckerschoten, Erbsen sowie Radieschen auch in der Pfanne gemeinsam braten. Wenn die Zwiebeln in etwas Olivenöl angebraten sind, wird das etwa gleich groß geschnittene Gemüse hinzugegeben. Jetzt darf auch nach Belieben mit Paprikapulver, Curry oder Honig gewürzt werden. Nach bereits 2 - 3 Minuten entsteht ein ganz anderer Geschmack als im Originalrezept.

NUDELPFANNE À LA PROVENCE

4 Port. 40 Min. Leicht

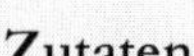

Zutaten

400 g Tagliatelle
50 g Oliven (schwarz)
4 (Eier-)Tomaten
2 - 3 Knoblauchzehen
1 Bund Kräuter der Provence
1 Aubergine
1 Paprika (gelb)
4 EL Olivenöl
1 TL Puderzucker
Salz + Pfeffer

Zusätzlich wird benötigt:
1 Kochtopf
1 Pfanne
1 Sieb

Nährwerte p. P.

510 kcal
84 g Kohlenhydrate
13 g Fett
14 g Eiweiß

1 Nudeln nach Packungsvorgabe im Salzwassertopf garen. Derweil die Aubergine waschen und klein würfeln. Paprika waschen, halbieren und vom Kerngehäuse befreien. Danach die Schote ebenfalls würfeln.

2 Den Knoblauch schälen und hacken. Die Tomaten waschen und deren Schale einritzen. Mit heißem Wasser überbrühen und die Haut der Tomaten entfernen. Die Kräuter waschen, trocken schütteln und die Hälfte hacken. Die andere Hälfte zu einem Strauß zusammenbinden.

3 Die Aubergine im heißen Öl in der Pfanne unter stetem Rühren etwa 4 - 5 Minuten anbraten. Danach die Paprikawürfel dazugeben. Das Ganze zwei Minuten weiterköcheln lassen. Die Kräuter und den Knoblauch hinzufügen sowie das Sträußchen in die Pfanne geben. Anschließend die Tomatenwürfel ebenso hinzugeben.

4 Das Gericht zugedeckt etwa 18 - 20 Minuten schmoren lassen. Die Soße daraufhin salzen, pfeffern sowie mit Puderzucker abschmecken.

5 Tagliatelle im Sieb abtropfen und mit den halbierten Oliven der Pfanne beimengen. Vor dem Servieren den Kräuterstrauß entfernen.

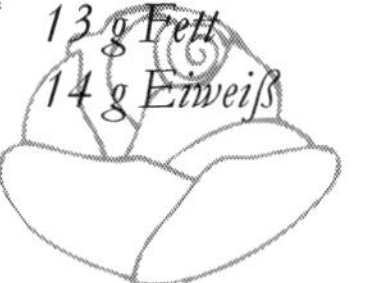

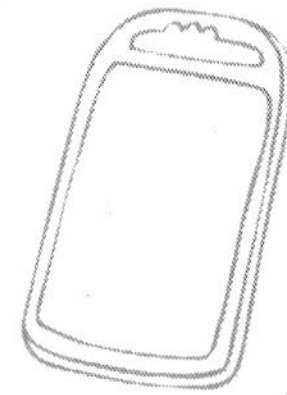

TOMATENVERSTECK

 4 Port.  40 Min.  Leicht

Zutaten

400 g Fleischtomaten (etwa 4 Stück)
300 g Erbsen (TK)
250 g Couscous (oder Reis)
60 g Rosinen
500 ml Gemüsebrühe
½ Bund Petersilie
2 EL Olivenöl
Salz + Pfeffer

Zusätzlich wird benötigt:
1 Topf
1 ofenfeste Form
Backofen

Nährwerte p. P.

445 kcal
46 g Kohlenhydrate
23 g Fett
11 g Eiweiß

1 Backofen auf 200 Grad Celsius erhitzen. Die Tomaten gründlich waschen und an deren oberen Ende einen Deckel abschneiden. Das Tomatenfleisch herauslösen und zu kleinen Würfeln verarbeiten. Die Tomaten anschließend verkehrt herum auf Küchenpapier abtropfen lassen.

2 Die Brühe im Topf aufkochen. Den Couscous in die eingefettete Auflaufform geben und mit der heißen Brühe übergießen. Das Ganze köchelt zehn Minuten auf mittlerer Schiene im Ofen. Anschließend die Tomatenwürfel unter den Couscous heben.

3 Im Topf die Erbsen etwa drei Minuten im heißen Salzwasser blanchieren und anschließend abschrecken. Die Petersilie waschen, trocken schütteln und fein hacken.

4 Ein Teil des Couscous mit Erbsen, Petersilie und Gewürzen mischen. Dazu die Rosinen geben, eventuell halbieren. Diese Füllung nun in die Tomaten geben. Die Tomaten samt Deckel auf dem Nest aus dem restlichen Couscous weitere zehn Minuten im Ofen backen.

Alternative: Eine wunderbare vegetarische Variante besteht aus einem Upgrade der Füllung mit 100 g Crème fraîche sowie 200 g klein gehacktem Camembert.

ANTIPASTI VOM GRILL

4 Port.

40 Min.

Leicht

Zutaten

300 g Aubergine (etwa 1 Stück)
250 g Zucchino (etwa 1 Stück)
200 g Champignons
1 Paprika (rot)
1 Paprika (gelb)
1 Knoblauchzehe
6 EL Olivenöl
3 EL Aceto balsamico
2 EL Zitronensaft
1 TL Rosmarin (gehackt)
Salz + Pfeffer

Zusätzlich wird benötigt:
2 Schüsseln
1 Backblech
Backofen

Nährwerte p. P.

185 kcal
7 g Kohlenhydrate
16 g Fett
4 g Eiweiß

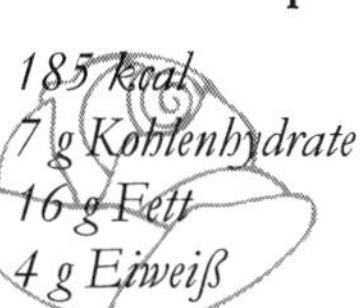

1 Aubergine sowie Zucchino waschen, putzen und der Breite nach in Scheiben von 1 cm Dicke schneiden. Die Paprika waschen, halbieren und vom Kerngehäuse befreien. Danach die Schoten in mundgerechte Stücke schneiden.

2 Den Backofengrill bereits vorheizen. Die Pilze putzen und trocknen. Den Knoblauch schälen und in eine Schüssel mit 4 EL Öl pressen.

3 Das Gemüse auf dem Blech verteilen. Die Paprika sollte mit der Hautseite nach oben liegen. Das ganze Backblech mit dem Knoblauchöl und dem Rosmarin beträufeln. Das Grillgemüse nun 8 - 10 Minuten im Ofen garen lassen. Es müsste fertig sein, wenn die Haut der Paprika Blasen wirft.

4 Nun das Gemüse erst einmal abkühlen lassen. Danach in der Schüssel den Zitronensaft, Essig sowie das übrige Öl miteinander vermengen. Die Paprika sollte jetzt gehäutet werden können. Anschließend das gerade gemischte Öl über das Gemüse geben. Das Ganze etwa 20 Minuten durchziehen lassen.

Tipp: Mit einem Gemüsebratling oder einem Kartoffelpüree wird das Menü spielend einfach erweitert.

GEMÜSESPAGHETTI MIT PESTO

4 Port. 30 Min. Leicht

Zutaten

400 g Spaghetti
200 g Möhren
200 g Pastinaken
30 g Haselnüsse (gemahlen)
75 ml Olivenöl
2 Knoblauchzehen
1 Bund Petersilie
1 - 2 TL Zitronensaft
Salz + Pfeffer

Zusätzlich wird benötigt:
1 Standmixer
1 Kochtopf
1 Sieb
1 Schüssel

1 Als Erstes wird das Pesto hergestellt. Dazu die Petersilie waschen, trocknen und deren Blätter klein hacken. Den Knoblauch schälen und ebenso hacken. Im Standmixer nun die Petersilie, den Knoblauch, ½ TL Salz sowie die Nüsse pürieren.

2 Stetig etwas Olivenöl nachgießen. Je nach gewünschter Konsistenz ist das Pesto damit fertig. Anschließend salzen, pfeffern sowie mit dem Zitronensaft veredeln.

3 Die Spaghetti gemäß der Packungsanleitung im Salzwassertopf kochen. Das Gemüse waschen, schälen und putzen. Danach in feine Stifte schneiden. 2 - 3 Minuten vor Ende der Garzeit der Nudeln diese Stifte mit in den Topf geben.

4 Die Nudeln abgießen und in einer Schüssel mit der Hälfte des Pestos vermengen. Die andere Hälfte wird extra gereicht.

Nährwerte p. P.

543 kcal
54 g Kohlenhydrate
30 g Fett
11 g Eiweiß

Alternative: Für ein noch sämigeres Pesto empfiehlt sich frisch geriebener Parmesan - allerdings wird es dann nur eine vegetarische Speise.

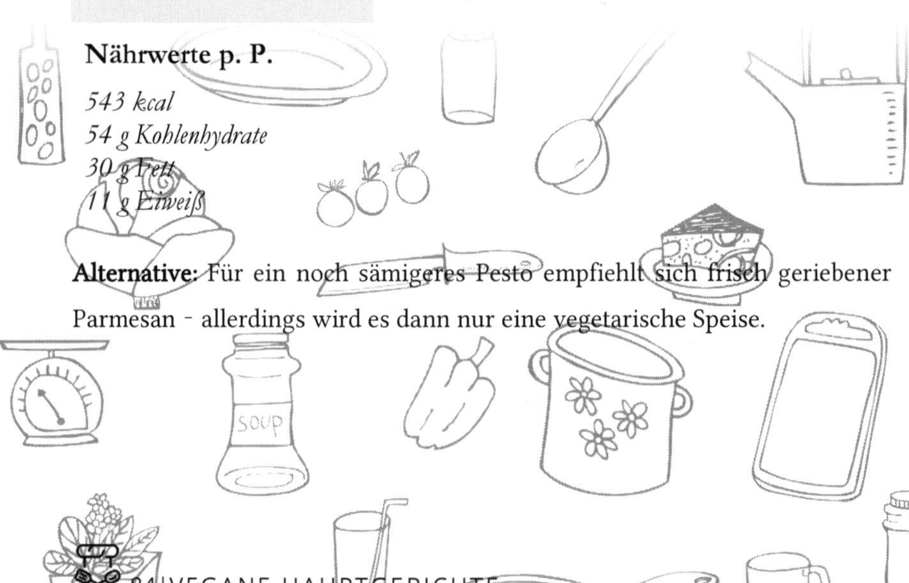

Fingerfood & Snacks

Für zwischendurch während des Vespers oder einfach nebenbei beim Lesen, Fernsehen oder während eines Spieleabends. Ohne Fingerfood und einen kleinen Snack mittendrin geht es nicht. Außerdem fördern über den Tag gut gesetzte kleinere Snacks ein gesundes Sättigungsgefühl. Der oft übliche Heißhunger wird verhindert, eine Völlerei damit vermieden. Zudem hebt ein leckerer Zwischensnack meist auch noch die Motivation.

LACHSBAGELS

4 Port.

15 Min.

Leicht

Zutaten

150 g Frischkäse
4 Sesam-Bagels
8 Lachsscheiben
1 Bund Dill
1 Zwiebel

Zusätzlich wird benötigt:
1 Toaster

Nährwerte p. P.

241 kcal
24 g Kohlenhydrate
12 g Fett
7 g Eiweiß

1 Bagels horizontal mittig aufschneiden und anschließend goldgelb toasten. Derweil den Dill waschen, trocken schütteln und fein hacken.

2 Den Frischkäse mit dem Dill gut vermengen. Mit diesem leichten Aufstrich die Unterseiten der runden Brötchen bestreichen.

3 Den Lachs abtupfen und in grobe Streifen schneiden. Diese auf den Frischkäse legen. Die Zwiebel schälen und in dünne Ringe schneiden. Jetzt den Lachsbagel mit den Zwiebelringen belegen. Abschließend die Oberseite des Bagels auflegen, fertig ist der Zwischensnack.

SCHINKEN-SPARGEL-TARTE

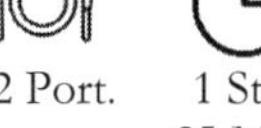

12 Port. | 1 Std. 25 Min. | Leicht

Zutaten

1 kg Spargel (weiß)
250 g Mehl
200 g (Parma-) Schinken
160 g Butter
100 g Parmesan (frisch gerieben)
2 Tomaten
1 Ei
1 EL Pizzagewürz nach Belieben
1 TL Zucker
Salz

Zusätzlich wird benötigt:
1 Schüssel
1 Topf
1 Sieb
1 Springform (26 cm Durchmesser)
Backofen

Nährwerte p. P.

169 kcal
13 g Kohlenhydrate
10 g Fett
7 g Eiweiß

1 In einer großen Schüssel Mehl, 150 g Butter sowie das Ei und ½ TL Salz zu einem Teig verarbeiten. Mit Frischhaltefolie bedecken und 30 Minuten ziehen lassen.

2 Den Spargel waschen, schälen und von den hölzernen Enden befreien. Das Stangengemüse in etwa 3 cm lange Stücke schneiden. Im Salzwassertopf den Spargel mit der restlichen Butter sowie dem Zucker etwa zehn Minuten garen. Danach im Sieb abtropfen lassen.

3 Backofen auf 200 Grad Celsius erhitzen sowie die Springform einfetten. Auf der bemehlten Küchenplatte den Teig ausrollen. Damit die Ofenform auslegen. Nicht vergessen: Einen Rand ausformen!

4 Den Teig mit Spargelstücken belegen. Den Schinken in Streifen schneiden und über dem Spargel verteilen. Die Tomaten waschen, von Stielansätzen befreien und in Scheiben schneiden. Die Tomatenscheiben auf dem Schinken platzieren.

5 Jetzt den Käse und möglicherweise das Pizzagewürz über die Tarte streuen. Das Ganze im Ofen nun etwa 25 Minuten backen.

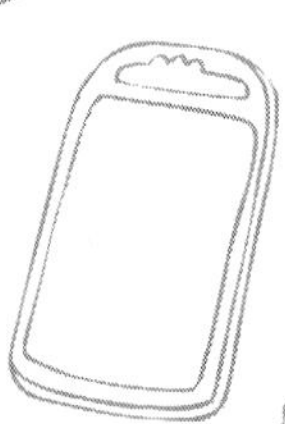

POPCORN-CRACKER

1 Glas | 2 Std. 15 Min. | Leicht

Zutaten

250 g Leinsamen (geschrotet)
100 g Kürbiskerne
100 g Sonnenblumenkerne
50 g Sesam
3 EL Popcornmais
3 EL Pflanzenöl (Raps- oder Sonnenblumenöl)
3 TL Meersalz

Zusätzlich wird benötigt:
1 Topf
2 Backbleche
1 Holzlöffel
Backpapier
Backofen

Nährwerte p. P.

158 kcal
3 g Kohlenhydrate
13 g Fett
6 g Eiweiß

1 Sämtliche Kerne in einer Schüssel mit 350 ml Wasser eine Stunde einweichen.

2 Derweil das Popcorn samt Öl in einen Topf mit Deckel geben. Den Herd auf mittlere Temperatur einstellen und darauf warten, dass der Mais zerplatzt. Den Topf regelmäßig schütteln, sodass alle Maiskörner aufploppen.

3 Etwa 1 ½ TL Salz über das Popcorn streuen und den Topf mit dem aufgelegten Deckel ordentlich durchschütteln. Das Popcorn nun abkühlen lassen und anschließend mit einem Messer grob gehackt.

4 Backofen auf 125 Grad Celsius vorheizen sowie zwei Bleche mit Backpapier belegen. Die Saaten kurz mit der Gabel mischen und danach auf den beiden Blechen gleichmäßig verteilen.

5 Mit einer zusätzlichen Schicht Backpapier die Kerne abdecken. Mit dem Topfboden die Masse festdrücken. Danach die zweite Papierschicht abziehen und die Popcornsplitter und die restlichen 1 ½ TL Salz verteilen. Das Ganze nochmals mit zweiter Papierschicht und Topfboden festdrücken.

6 Die Bleche nun für eine Stunde in den Ofen schieben. Ein Holzlöffel in der Backofentür fördert die Trocknung. Die Cracker sind fertig, wenn sie knusprig sind. Die Saatenflächen zu Cracker brechen.

Alternativen: Popcorn lockt mittels Backkakao sowie Vanillin als Salzersatz ebenso als süßer Snack. Etwas würziger erweist sich die Mischung aus sehr fein geriebenem Käse (Parmesan) sowie gehacktem Rosmarin und Thymian. Für eine deutlich feurigere Charakteristik sorgt derweil fein gehackte Chilischote, gehackter Knoblauch sowie Zitronenschalenabrieb.

BRUSCHETTA

4 Port. 25 Min. Leicht

Zutaten

300 g Tomaten
200 g Bauernbrot (oder Baguette - 4 große oder 8 kleine Scheiben)
2 Frühlingszwiebeln
1 Knoblauchzehe
½ Bund Basilikum
4 EL Olivenöl (kalt gepresst)
Salz + Pfeffer

Zusätzlich wird benötigt:
1 Schüssel
Backofen

Nährwerte p. P.

225 kcal
27 g Kohlenhydrate
11 g Fett
5 g Eiweiß

1 Backofen auf 250 Grad Celsius vorheizen. Tomaten derweil waschen, vom Stielansatz befreien und klein würfeln.

2 Die Frühlingszwiebeln waschen, putzen sowie weiße und hellgrüne Teile in Ringe schneiden. Basilikum waschen, trocken schütteln sowie dessen Blätter in feine Streifen schneiden.

3 Die bisher verarbeiteten Zutaten mit dem Öl in einer Schüssel gut vermischen. Das Ganze ordentlich salzen und pfeffern.

4 Nun die Brotscheiben auf dem mittleren Rost für etwa 4 - 5 Minuten rösten. Den Knoblauch schälen und halbieren. Damit die Scheiben einreiben. Danach den Tomatentartar auf das Brot geben.

Tipp: Mit 125 g sehr fein gewürfeltem Mozzarella und ein paar Spritzern Aceto balsamico lässt sich dieser Snack nochmals aufwerten.

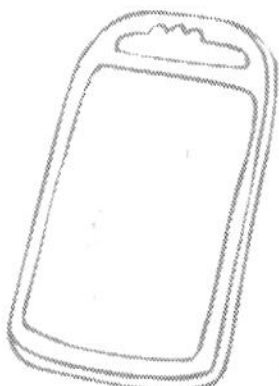

MÖHRENRÖSTI

4 Port.

20 Min.

Leicht

Zutaten

800 g Möhren
500 g Kartoffeln
300 g Joghurt
3 Eier
2 Bund Schnittlauch
1 TL Curry nach Belieben
2 Spritzer Zitronensaft nach Belieben
Salz + Pfeffer

Zusätzlich wird benötigt:
1 Schüssel
1 Pfanne

Nährwerte p. P.

354 kcal
28 g Kohlenhydrate
16 g Fett
13 g Eiweiß

1 Möhren sowie Kartoffeln waschen, schälen sowie grob in eine Schüssel raspeln. Den Schnittlauch waschen, trocknen und in feine Röllchen schneiden.

2 Die Eier aufschlagen und zu den Raspeln geben. Die Hälfte der Schnittlauchröllchen und die Gewürze hinzufügen.

3 Mit der Hand Rösti formen. In der Pfanne mit heißem Öl diese beidseitig goldbraun anbraten. Auf dem Küchenpapier die Snacks abtropfen lassen.

4 Den Joghurt plus übrigen Schnittlauch gut vermengen. Jetzt könnte der Zitronensaft Anwendung finden.

FRÜHLINGSROLLEN

4 Port. | 30 Min. | Leicht

Zutaten

150 g Champignons
100 g Glasnudeln
100 g Rinderhackfleisch
750 ml Frittieröl
8 Teigblätter für Frühlingsrollen
1 Paprika (gelb)
1 Paprika (rot)
1 Bund Koriander
1 Eiweiß
2 EL Pflanzenöl
2 EL Sojasauce
1 TL Ingwer (frisch gerieben)
Salz + Pfeffer

Zusätzlich wird benötigt:

1 Topf
1 feines Sieb
1 Pfanne
1 Tasse
1 Kochtopf
Küchenpapier

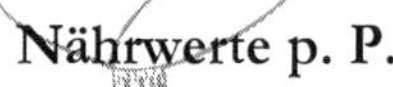

Nährwerte p. P.

251 kcal
10 g Kohlenhydrate
19 g Fett
9 g Eiweiß

1 Paprika waschen, halbieren und von Kernen befreien. Danach in dünne Streifen schneiden. Die Pilze putzen und klein würfeln.

2 Im Topf die Glasnudeln etwa fünf Minuten im heißen Wasser ziehen lassen. Danach sie im feinen Sieb abseihen. Den Koriander waschen, trocken schütteln und fein hacken.

3 In der Pfanne die Paprikastreifen sowie die Pilze im erhitzten Pflanzenöl anbraten. Danach das Hack krümelig und leicht gebräunt anbraten. Nach und nach werden erst Glasnudeln, dann Soja, Koriander sowie Ingwer hinzugefügt. Alles gut umrühren sowie salzen und pfeffern.

4 Das Eiweiß in einer kleinen Tasse verquirlen. Die ausgelegten Teigblätter am Rand damit eingestrichen. Die Füllung aus der Pfanne auflegen und den Teig zusammenrollen.

5 Frittieröl im großen Kochtopf erhitzen. Die Frühlingsrollen darin goldbraun frittieren und anschließend auf dem Küchenpapier abtropfen lassen. Sie dürfen warm sowie kalt gereicht werden.

PIZZASCHNECKEN

 12 Port.

 1,5 Std.

 Leicht

Zutaten

300 g Mehl
100 g Schmelzkäse (Kräuter)
50 g roher Schinken
42 g Frischhefe
1 Zwiebel
1 Zucchini
5 EL Tomatenmark
1 EL Thymian (getrocknet)
½ TL Salz + 1 Prise Zucker
Pfeffer

Zusätzlich wird benötigt:
1 Schüssel
1 Handrührgerät
1 Backblech
Backpapier
Backofen

1 In der Schüssel das Mehl mit der Frischhefe vermischen. Käse klein schneiden und mit Salz, Zucker sowie 150 ml Wasser in die Schüssel geben. Mit dem Knethaken daraus einen glatten Teig kneten. An einem warmen Standort ruhen lassen, bis sich sein Volumen verdoppelt hat.

2 Die Zucchini waschen und grob würfeln. Die Zwiebel schälen und fein hacken. Den Schinken in feine Streifen schneiden.

3 Auf der bemehlten Küchenfläche den Teig etwa 20 x 30 cm groß ausrollen. Bis auf einen ca. 1 cm breiten Rand den Teig mit Tomatenmark komplett bestreichen.

4 Zucchiniwürfel, Zwiebelstücke sowie Schinkenstreifen gleichmäßig auf dem Teig verteilen. Das Ganze ordentlich salzen, pfeffern sowie mit Thymian bestreuen.

5 Von der langen Seite aus den Teig zu einer Rolle formen. Das Ende fest andrücken. Die Teigrolle in zwölf Scheiben schneiden. Diese für etwa 15 Minuten auf einem mit Backpapier belegtem Blech ruhen lassen.

6 Währenddessen den Backofen auf 200 Grad Celsius vorheizen. Die Pizzaschnecken etwa 20 Minuten backen.

Nährwerte p. P.

128 kcal
19 g Kohlenhydrate
3 g Fett
5 g Eiweiß

ZUCCHINISTICKS MIT KRUSTE

 4 Port.

 1 Std.

 Leicht

Zutaten

1 kg Zucchini
200 g griechischer Joghurt
180 g Sonnenblumenkerne (oder Mohn, Cornflakes etc. für die Kruste)
80 g Sesam
Saft ½ Zitrone
3 TL Kreuzkümmelsamen
2 TL Maisstärke
2 TL Knoblauchgranulat (oder getrockneter Thymian)
1 TL Honig
1 TL Paprikapulver (edelsüß)
etwas Olivenöl
Salz + Pfeffer

Zusätzlich wird benötigt:
1 Standmixer
1 Schüssel
2 Backbleche
Backpapier
Backofen

Nährwerte p. P.

254 kcal
9 g Kohlenhydrate
19 g Fett
11 g Eiweiß

1 Backofen auf 200 Grad Celsius erhitzen sowie zwei Backbleche mit Backpapier auslegen. Währenddessen die Zucchini der Länge nach in etwa 1 cm dicke Scheiben schneiden. Danach zu 1 cm breiten sowie ca. 7 cm langen Stücken zerkleinern. Ordentlich salzen, damit ihnen Wasser entzogen wird.

2 Kerne sowie Saaten mit Kreuzkümmel, Stärke sowie Granulat im Standmixer zerkleinern. Dazu 3 TL Salz geben und alles erneut gut vermengen. Von dieser Panade ⅔ in eine große Schüssel geben.

3 Auf die Bleche je 1 TL Salz streuen. Die Zucchinisticks in die Schüssel geben und ausgiebig in der Panade wälzen. Die Sticks danach so auf den Backblechen verteilen, dass nichts übereinander liegt.

4 Die restliche Panade über die Zucchini geben sowie mit Olivenöl beträufeln. Das Fingerfood 40 Minuten lang backen. Nach der Hälfte der Zeit die Positionen der Bleche wechseln. In den letzten zehn Minuten die Grillfunktion anschalten und nach fünf Minuten erneut die Blechpositionen wechseln.

5 Dazu passt ein leichter Dip aus Joghurt, Honig, Zitronensaft und Paprikapulver. Diese Zutaten miteinander in einer Schüssel vermengen. Danach den Dip mit Salz und Pfeffer abschmecken. Die übrige Panade vom Blech kann als Topping für den Dip genutzt werden.

Alternativen: Anstatt Zucchini finden ebenso Rote Bete, Möhren oder Kürbis eine großartige Verwendung in diesem Rezept. Den Tipp schlechthin stellt Knollensellerie, ein von Kindern gern unterschätztes Gemüse.

GEMÜSE-NACHOS

 4 Port.  40 Min.  Leicht

Zutaten

500 g Kartoffeln
500 g Brokkoli
150 g Feta
100 g Kichererbsenmehl
10 Eier
2 Spitzpaprika (rot)
1 Bund Frühlingszwiebeln
1 Bund Petersilie
½ Chilischote (rot)
9 EL Olivenöl
3 TL Erdnussöl
Salz + Pfeffer

Zusätzlich wird benötigt:
1 Schüssel
1 Schneebesen
1 tiefe Pfanne
1 Pfannenwender
1 flache Pfanne
1 Suppenkelle

Nährwerte p. P.

352 kcal
16 g Kohlenhydrate
27 g Fett
12 g Eiweiß

1 Die Eier aufschlagen und mit dem Mehl und Olivenöl in eine Schüssel geben. Mit 150 ml Wasser sowie einer Prise Salz mittels Schneebesen die Nachomasse zusammenrühren. Danach den Teig ruhen lassen.

2 Das Gemüse waschen und putzen. Die Frühlingszwiebeln in feine Ringe schneiden, den Brokkoli in Röschen teilen. Die Kartoffeln mit Schale zu etwa 1 cm großen Würfeln zurechtschneiden.

3 Die Paprika halbieren und von den Kernen befreien. Die Kräuter waschen, trocknen und mit der Chili fein hacken.

4 In der Pfanne 2 EL Öl erhitzen und darin die Frühlingszwiebeln anbraten, bis sie goldbraun sind. Die Temperatur auf höchste Stufe stellen, 2 EL Öl hinzufügen und die Kartoffelwürfel sehr kross anbraten. Den Inhalt salzen und pfeffern. Mit dem Pfannenwender regelmäßig wenden.

5 Erneut 2 EL Öl dazugeben und Paprika und Brokkoli etwa drei Minuten mitgaren lassen. Das Gemüse vom Herd nehmen und bei 80 Grad Celsius im Backofen warmhalten.

6 In einer flachen Pfanne das Erdnussöl erhitzen. Den Teig portionsweise mit der Suppenkelle in die Pfanne geben und ähnlich eines Crêpes beidseitig anbraten. Jede Portion in Viertel schneiden und ebenso im Ofen warmstellen.

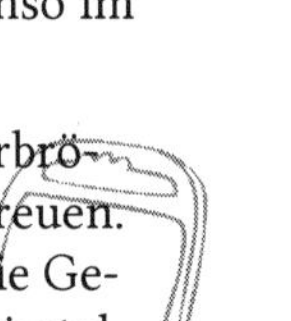

7 Das warmgestellte Gemüse mit zerbröseltem Feta, Kräuter sowie Chili bestreuen. Nachos auf einen Teller geben und die Gemüsefüllung darauf geben. Die Teigviertel zum Fingerfood zusammenklappen.

MOZZARELLA-STICKS

20 Port.

20 Min.

Leicht

Zutaten

450 g Mozzarella (etwa 3 große Kugeln)
250 g Paniermehl
150 g Mehl
30 g Speisestärke
500 ml Frittieröl
2 Eier
1 EL Oregano (getrocknet)
1 EL Basilikum (getrocknet)
1 EL Petersilie (frisch gehackt)
½ TL Knoblauchsalz

Zusätzlich wird benötigt:
3 Tassen
1 Kochtopf
1 Sieb
1 Schaumlöffel
Küchenpapier

Nährwerte p. P.

187 kcal
16 g Kohlenhydrate
10 g Fett
7 g Eiweiß

1 Eier aufschlagen, in einer Tasse verquirlen und mit 50 ml Wasser vermengen. In zweiter Tasse Paniermehl, Kräuter sowie das Knoblauchsalz vermischen. In die dritte Tasse das Mehl und die Stärke geben.

2 Im Topf das Öl auf 170 Grad Celsius erhitzen. Die Mozzarella-Kugeln im Sieb abtropfen lassen und anschließend abtupfen. Danach aus den Kugeln dickere Stifte schneiden.

3 Die Mozzarellasticks in die Eier tunken. Danach mit Paniermehl bedecken und zuletzt mit Mehl umgeben. Nun die Sticks etwa 30 Sekunden im heißen Öl frittieren. Wenn sie sich goldbraun färben, werden sie mit dem Schaumlöffel entnommen. Anschließend auf Küchenpapier abtropfen lassen.

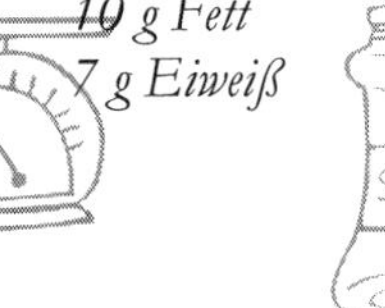

WÜRZIGES OFENGEMÜSE

 4 Port.

 1 Std.

 Leicht

Zutaten

700 g Rote Bete
500 g Möhren
500 g Pastinaken
500 g Petersilienwurzeln
100 g Parmesan
40 g Vollkornsemmelbrösel
6 Thymianzweige
4 Knoblauchzehen
Schalenabrieb von 2 Zitronen
1 Bund Petersilie
8 EL Olivenöl
Salz + Pfeffer

Zusätzlich wird benötigt:
1 Reibe
1 Schüssel
2 Backbleche
Backpapier
Backofen

Nährwerte p. P.

423 kcal
27 g Kohlenhydrate
28 g Fett
12 g Eiweiß

1 Backofen auf 180 Grad Celsius vorheizen sowie zwei Bleche mit Backpapier belegen. Rote Bete schälen und zu etwa fingerdicken Stücken schneiden. Den Rest des Gemüses schälen und eventuell große Stücke halbieren beziehungsweise vierteln.

2 Das Gemüse auf den Blechen verteilen, dabei nicht durchmischen. Danach das Ganze etwas salzen und pfeffern. Die Zitronen heiß waschen und davon die Schalen abreiben.

3 Den Parmesan fein reiben. Den Knoblauch schälen und ebenso fein reiben. Die Kräuter waschen, abtrocknen sowie Thymianblätter abzupfen und Petersilie fein hacken. In einer Schüssel Semmelbrösel, Zitronenschalenabrieb, Kräuter sowie Knoblauch miteinander vermischen.

4 Nun das Gemüse erst mit Öl beträufeln und anschließend mit der Bröselmischung bedecken. Das Gemüse in 35 - 40 Minuten im Ofen knusprig backen. Nach der Hälfte der Backzeit die Blechpositionen wechseln.

Tipp: Falls das Gemüse zu dunkel werden sollte, lässt es sich mit Alufolie wirksam schützen.

Desserts

Wer liebt die süßen Sünden nicht auch? Ein Nachtisch zur Hauptspeise rundet so manches Geschmackserlebnis ab und fördert ein gesundes Essverhalten ohne Völlerei. Doch so manches Dessert präsentiert sich nicht unbedingt von einer süßen, sondern eher herzhaften Seite. Beim Thema Nachtisch dreht sich alles um das würdevolle Ende der Hauptspeise. Doch mitunter fungiert es auch als kleine Vesper zwischen Mittagessen und Abendbrot. Oder es wird als Highlight aufgetischt. Gerade Kinder darf man für eine Eins in der Schule oder eine erledigte Hausarbeit gern einmal belohnen.

KAISERSCHMARRN

4 Port.

20 Min.

Mittel

Zutaten

160 g Mehl
500 ml Milch
4 Eier
6 EL Rosinen
3 EL Rapsöl
2 EL Zucker
1 TL Backpulver
1 TL Zimt

Zusätzlich wird benötigt:
2 Schüsseln
1 Pfanne

Nährwerte p. P.

387 kcal
49 g Kohlenhydrate
16 g Fett
12 g Eiweiß

1 Als Erstes die Eier in einer Schüssel aufschlagen und mit dem Zucker verrühren.

2 Backpulver mit Mehl in der zweiten Schüssel vermischen und anschließend unter die Ei-Zucker-Mischung rühren.

3 Den Zimt aufstreuen sowie die Milch dazugeben. Den Schüsselinhalt nun gut umrühren, bis ein glatter Teig entsteht. Danach die Rosinen unterrühren.

4 Den Teig vierteln und je ein Viertel in 1 EL Öl in der Pfanne beidseitig goldbraun backen. Die luftigen Pfannkuchen kurz vor dem Servieren mit einer Gabel in mundgerechte Stücke zerreißen. Am Ende den Schmarrn mit Puderzucker bestäuben und pur oder mit Apfelmus genießen.

QUARKNOCKEN

4 Port.

50 Min.

Mittel

Zutaten

500 g Magerquark
200 g Vollkorn- oder Dinkelsemmelbrösel
100 g Haselnüsse
60 g Butter
50 g Buchweizen
30 g Vollrohrzucker
2 Eigelb
Schalenabrieb 1 Zitrone
2 EL Zucker + 1 Prise Salz
etwas Puderzucker

Zusätzlich wird benötigt:
1 feinmaschiges Sieb
1 Schüssel
1 Pfanne
1 Kochtopf
1 Schaumlöffel
Frischhaltefolie
Backofen

Nährwerte p. P.

464 kcal
36 g Kohlenhydrate
26 g Fett
22 g Eiweiß

1 Den Quark im feinmaschigen Sieb etwa fünf Minuten abtropfen lassen. Semmelbrösel, Eigelb und Quark in eine Schüssel geben und alles gut durchmischen. Dazu den Rohrzucker, den Schalenabrieb sowie die Prise Salz geben und nochmals gut durchmengen. Das Ganze mit Frischhaltefolie abdecken und für 25 Minuten in den Kühlschrank stellen.

2 Nüsse, Buchweizen, Butter und Zucker in einer Pfanne goldbraun rösten. Dabei ab und zu umrühren. Diese Mischung anschließend auf einen Teller geben.

3 Etwa 1 EL Quarkmasse mit den Händen zu typischen Nocken formen. Wenn das Wasser im Topf kocht, die Temperatur zurückdrehen und die Hälfte der Nocken in den Topf geben.

4 Nach etwa zehn Minuten sollten sie an der Oberfläche schwimmen. Jetzt dürfen sie mit einem Schaumlöffel herausgefischt werden.

5 Die Quarknocken nun in der Nuss-Buchweizen-Mischung wenden und im Backofen bei 80 Grad Celsius warmhalten. Mit der zweiten Hälfte Nocken genauso verfahren. Vor dem Servieren die Nocken mit Puderzucker bestäuben.

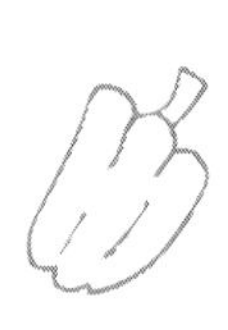

KÄSE-SOUFFLÉ

4 Port.

45 Min.

Mittel

Zutaten

100 g Emmentaler (frisch gerieben)
25 g Gruyère (frisch gerieben)
300 ml Milch
5 Eier
3 EL Mehl
3 EL Butter
etwas Muskatnuss (frisch gerieben)
etwas Pflanzenöl
Salz + Pfeffer

Zusätzlich wird benötigt:
4 Soufflé-Formen
1 Topf
1 Schüssel
1 Schneebesen
Backofen

Nährwerte p. P.

338 kcal
7 g Kohlenhydrate
25 g Fett
20 g Eiweiß

1 Mehl und zerlassene Butter im Topf zu einer Mehlschwitze verrühren. Die Milch hinzufügen und unter stetem Rühren das Ganze aufkochen. Jetzt wird mit Salz, Pfeffer sowie Muskat gewürzt. Das Ganze etwa zwei Minuten einköcheln lassen.

2 Backofen auf 225 Grad Celsius vorheizen. Derweil die Eier trennen. In die nicht mehr kochende Milchcreme nun Stück für Stück die Eigelbe einrühren. Anschließend den Emmentaler unter die Creme mischen.

3 In einer Schüssel die Eiweiße mit einer Prise Salz mittels Schneebesen richtig steif schlagen. Den Eischnee vorsichtig unter die Eigelb-Milch-Creme heben.

4 Soufflé-Formen mit etwas Pflanzenöl einfetten. Jetzt wird der Rand dieser Schälchen mit dem geriebenen Gruyère ausgelegt. Danach die Creme in die Formen geben. Diese nun etwa 20 Minuten im Ofen backen.

Tipp: Beim Backen eines Soufflés darf die Ofentür nicht geöffnet werden. Ein Soufflé gelingt erfolgreich, wenn sich die Temperaturbarrikade und der Luftdruck währenddessen nicht ändern. Ansonsten fällt es in sich zusammen und misslingt.

MÖHRENKUCHEN

12 Port. | 1 Std. 10 Min. | Leicht

Zutaten

250 g Möhren
250 g Puderzucker
225 g Vollrohrzucker
175 g Mehl
165 g Butter (weich)
100 g Frischkäse
100 g Mandeln (gemahlen)
50 g Nüsse (gemahlen)
50 g Speisestärke
40 g Kokosfett
3 Eier
1 Päckchen Backpulver
1 Päckchen Vanillezucker
1 Fläschchen Zitronenaroma
½ TL Zimt (gemahlen)
½ TL Muskatnuss (gemahlen)
½ TL Nelke (gemahlen)
1 Prise Salz

Zusätzlich wird benötigt:
2 Schüsseln
1 Reibe
1 Springform (26 cm Durchmesser)
Backofen

Nährwerte p. P.

577 kcal
75 g Kohlenhydrate
22 g Fett
15 g Eiweiß

1 In einer Schüssel den braunen Zucker, die Gewürze sowie den Vanillezucker und 125 g Butter schaumig schlagen. Die Eier aufschlagen und nacheinander in diesen Schaum einrühren.

2 Die Möhren waschen, schälen und raspeln. Die Nüsse und die Möhrenraspel anschließend unter den Teig heben. Abschließend Mehl, Stärke, Backpulver und Mandeln in den Teig rühren.

3 Backofen auf 175 Grad Celsius vorheizen. Die Springform einfetten und mit dem Teig befüllen. Den Kuchen glattstreichen und etwa 45 Minuten im Ofen backen.

4 Die übrig gebliebenen Zutaten in einer Schüssel vermischen. Darunter wird das Aroma gehoben. Zum Schluss den abgekühlten Möhrenkuchen mit der Glasur bestreichen.

TIRAMISU

8 Port. | 5 Std. 20 Min. | Leicht

Zutaten

250 g Quark
250 g Mascarpone
200 g Löffelbiskuits
100 g Zucker
200 ml Sahne
4 Eier
4 Tassen Espresso (kalt)
2 Päckchen Vanillezucker
Kakaopulver zum Bestäuben

Zusätzlich wird benötigt:
2 Schüsseln
1 Schneebesen
1 flache Auflaufform

Nährwerte p. P.

332 kcal
34 g Kohlenhydrate
14 g Fett
17 g Eiweiß

1 Die Eier aufschlagen und in der Schüssel mit dem Zucker schaumig schlagen. Die Zuckerkristalle sollen sich alle auflösen. Danach Mascarpone und Quark unterheben.

2 Die Sahne mit dem Vanillezucker in der zweiten Schüssel steif schlagen. Diese nun unter die Creme heben.

3 Die Hälfte der Biskuits in den Espresso tunken und die Ofenform damit auslegen. Darüber gleichmäßig die Hälfte der Mascarponecreme verteilen.

4 Schritt 3 mit der zweiten Hälfte der Löffelbiskuits und der Creme wiederholen.

5 Das Tiramisu für mindestens fünf Stunden in den Kühlschrank stellen. Vor dem Servieren mit Kakao bestreuen.

ROTE GRÜTZE

4 Port.

25 Min.

Leicht

Zutaten

380 g Schattenmorellen (1 Glas)
300 g Vanillejoghurt
250 g Erdbeeren
250 g Johannisbeeren (rot)
1 Päckchen Vanillepuddingpulver
½ Vanilleschote
3 EL Zucker
½ TL Zimt (gemahlen)

Zusätzlich wird benötigt:
1 Kochtopf
1 Schüssel

Nährwerte p. P.

170 kcal
15 g Kohlenhydrate
10 g Fett
2 g Eiweiß

1 Etwa 6 EL Kirschsaft extra lagern. Den restlichen Inhalt des Glases in den Kochtopf geben. Die Erdbeeren waschen, verlesen und halbieren. Die Johannisbeeren von den Rispen nehmen, waschen und verlesen. Die Beeren zu den Kirschen in den Topf geben.

2 Zimt, Zucker sowie die Vanilleschote dazugeben. Das Ganze aufkochen. Derweil den separaten Kirschsaft mit dem Puddingpulver in der Schüssel glattrühren. Diesen zu den Früchten geben und mit aufkochen.

3 Nach etwa 2 - 3 Minuten sollte die Grütze eindicken. Jetzt entscheidet die persönliche Vorliebe, wie lange das Dessert weiter köchelt. Vor dem Servieren die Rote Grütze mit 3 EL Joghurt aufwerten.

KÄSEKUCHEN

 12 Port.

 1,5 Std.

 Leicht

Zutaten

800 g Frischkäse
250 g Zucker
200 g Schmand
150 g Keks (oder Zwieback)
100 g saure Sahne
60 g Butter
50 ml Milch
4 Eier
2 EL Mehl
2 TL Vanillesirup
1 Prise Zimt (gemahlen)

Zusätzlich wird benötigt:
1 Gefrierbeutel
1 Nudelholz oder Topf
1 Springform (24 cm Durchmesser)
1 Schüssel
Backofen

1 Die Kekse in den Gefrierbeutel legen und mit einem Nudelholz oder Topf zerkleinern. Die Krümel mit der weichen Butter, dem Zimt sowie 200 g Zucker mit Hilfe einer Gabel gut vermengen.

2 Backofen auf 170 Grad Celsius erhitzen. Die Springform einfetten und mit dem Keksteig auslegen. Nicht vergessen: Einen Rand von etwa 2 cm formen!

3 Die Füllung aus Schmand, Frischkäse, restlichem Zucker sowie dem Sirup herstellen. Die Eier aufschlagen und einzeln unterheben. Erst danach das Mehl und die Milch einrühren.

4 Die Füllung auf den Kuchenteig geben. Den Käsekuchen ca. eine Stunde im Ofen backen. Er sollte im Ofen bei geöffneter Ofentür auskühlen. Das verhindert ein Einreißen der Schicht.

5 Final die Sahne über den ausgekühlten Kuchen streichen. Den Käsekuchen nun mehrere Stunden kühl lagern.

Nährwerte p. P.

506 kcal
41 g Kohlenhydrate
32 g Fett
12 g Eiweiß

Tipp: Der Käsekuchen erhält mittels Fruchtsoße oder Fruchtmus on top eine Aufwertung.

FRUCHTIGE BUTTERMILCHKALTSCHALE

4 Port.

10 Min.

Leicht

Zutaten

300 g Joghurt
250 g Himbeeren
500 ml Buttermilch
4 Stängel Minze
2 Pfirsiche
4 EL Feinblatt-Haferflocken
4 EL Honig

Zusätzlich wird benötigt:
1 große Schüssel

Nährwerte p. P.

240 kcal
37 g Kohlenhydrate
4 g Fett
9 g Eiweiß

1 Als Erstes in einer großen Schüssel den Joghurt mit der Buttermilch vermischen. Danach die Haferflocken und den Honig unterrühren.

2 Die Himbeeren waschen und verlesen. Die Pfirsiche waschen, halbieren und den Stein entfernen. Das Fruchtfleisch danach in grobe Stücke schneiden. Die Minze waschen, trocken schütteln sowie deren Blätter abzupfen.

3 Schälchen mit der schnellen Kaltschale füllen. Darauf die Fruchtstücke drapieren. Das Ganze mit den Minzblättchen garnieren.

DONUTS

12 Port.

1 Std.
20 Min.

Leicht

Zutaten

450 g Mehl
200 g Vollrohrzucker
250 ml Milch
2 Eier
4 EL Backpulver
2 EL Butter
je ½ TL Muskat + Zimt + Salz
500 ml Frittieröl
Puderzucker sowie Kuvertüre zum Verzieren

Zusätzlich wird benötigt:
2 Schüsseln
1 Schneebesen
1 Kochtopf
1 Schaumlöffel
Gläser oder Donutausstecher
Küchenpapier

1 In der Schüssel die aufgeschlagenen Eier mit der Butter sowie dem Zucker mit einem Schneebesen cremig schlagen.

2 In der zweiten Schüssel das Mehl mit den übrigen trockenen Zutaten gut durchmischen. Diese Mehl-Gewürzmischung unter die Ei-Masse heben. Das Ganze soll ein glatter Teig werden.

3 Den Teig auf der bemehlten Küchenplatte etwa 2 cm dick ausrollen. Diese Teigrolle nun mit zwei umgestülpten Gläsern oder extra Donutausstechern zugeschnitten. Die Donut-Rohlinge etwa 30 Minuten ruhen lassen.

4 Da Frittieröl im großen Kochtopf auf ca. 180 Grad Celsius erhitzen. Die Donuts in das Öl geben und von beiden Seiten jeweils ca. fünf Minuten goldbraun frittieren.

5 Wenn Sie an der Oberfläche schwimmen, sind sie fertig. Die Donuts mittels Schaumlöffel herausnehmen und auf dem Küchenpapier abtropfen lassen.

6 Die Kuvertüre im Wasserbad verflüssigen. Die Donuts beispielsweise mit Glasur übergießen oder mit Puderzucker bestreuen.

Nährwerte p. P.

261 kcal
47 g Kohlenhydrate
5 g Fett
6 g Eiweiß

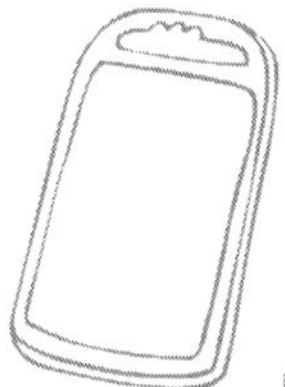

WALDBEEREN-TARTELETTES

6 Port.

1 Std. 20 Min.

Leicht

Zutaten

600 g Erdbeeren
600 griechischer Joghurt
200 g Datteln (entsteint)
125 g Himbeeren
125 g Heidelbeeren
90 g Mandeln (gemahlen)
75 g Sonnenblumenkerne
75 g Leinsamen
3 EL Backkakao
1 TL Vanille (gemahlen)
1 TL Nussöl
1 Prise Salz
Honig nach Belieben

Zusätzlich wird benötigt:
6 Tartelettes-Förmchen
1 Standmixer
1 Schüssel
Frischhaltefolie

Nährwerte p. P.

401 kcal
31 g Kohlenhydrate
23 g Fett
14 g Eiweiß

1 Im Standmixer als Erstes die Datteln mit den Kernen und Saaten pürieren. Danach Kakao, Salz und Vanille dazugeben und nochmals mixen. Nach fünf Minuten löst sich das Öl aus den Kernen. Nach Zusatz des Nussöls die Masse final pürieren. Je nach Konsistenzvorliebe das Öl verwenden.

2 Die Masse in die Förmchen geben und fest andrücken. Den Boden mit Frischhaltefolie abgedeckt etwa eine Stunde im Kühlschrank kühlen lassen.

3 Die Beeren putzen. Die Himbeeren halbieren und die Erdbeeren in Scheiben schneiden. Den Joghurt in einer Schüssel cremig rühren.

4 Die Tartelettes aus dem Kühlschrank nehmen und den Boden aus der Form lösen. Darauf nun erst den Joghurt und dann nach Wunsch die Beeren geben. Diese dürfen gern mit etwas Honig gesüßt werden.

SCHOKO-MUFFINS

12 Port.

35 Min.

Leicht

Zutaten

200 g Mehl
150 g Margarine
100 g Zucker
25 g Kakaopulver
2 Eier
8 EL Milch
2 TL Backpulver

Zusätzlich wird benötigt:
2 Schüsseln
1 Muffinblech (oder 12 Muffinförmchen)
Backofen

Nährwerte p. P.

209 kcal
22 g Kohlenhydrate
12 g Fett
4 g Eiweiß

1 Backofen auf 160 Grad Heißluft erhitzen. Die Eier aufschlagen und in die Schüssel geben. Zucker und Margarine mit den Eiern gut vermengen.

2 In einer zweiten Schüssel Mehl, Kakao- sowie Backpulver miteinander vermischen. Diese Mischung unter die Zucker-Ei-Masse rühren. Erst jetzt die Milch unterrühren.

3 Den Teig etwa zu zwei Dritteln in die Muffinförmchen füllen. Die Muffins 20 – 25 Minuten im Ofen backen. Der Teig sollte dann gut aufgegangen sein.

Getränke

Über den Tag benötigen wir viel Flüssigkeit. Man spricht von etwa 1,5 Liter zugenommener Menge. Zudem enthalten einige Früchte und andere Lebensmittel bereits Flüssigkeitsmengen. Doch unser Bedarf möchte auch von einer leckeren Geschmacksvielfalt gestillt werden. Möglichst zuckerarme Getränke in Eigenregie vermitteln einen besonderen Geschmack und schenken dennoch eine gesunde Basis. Mit einem leckeren Schluck zwischendurch klappt es auch besser mit den Hausaufgaben oder einer anderen Beschäftigung während des Tages.

MELONEN-KIWI-SMOOTHIE

2 Port.

10 Min.

Leicht

Zutaten

8 Blätter Zitronenmelisse
2 Kiwis
1 Limette
½ Honigmelone
1 EL Rohrohrzucker

Zusätzlich wird benötigt:
1 hoher Becher
1 Pürierstab

Nährwerte p. P.

155 kcal
35 g Kohlenhydrate
1 g Fett
2 g Eiweiß

1 Blätter waschen, trocknen und im Kühlfach gefrieren lassen. Derweil die Kiwis schälen und grob zerkleinert. Die Melone von den Kernen befreien. Das Fruchtfleisch aus der Schale schneiden und klein würfeln.

2 Die Limette heiß waschen, halbieren und in einen hohen Becher auspressen. Die Fruchtstücke dazugeben und alles inklusive Zucker mit dem Pürierstab mixen. Dazu vier Blätter Zitronenmelisse und etwa 200 ml Wasser geben. Das Ganze nochmals pürieren. Die restlichen Blätter dienen der Garnierung.

FRUCHT-BUTTERMILCH

1 l | 2 Std. 10 Min. | Leicht

Zutaten

125 g Johannisbeeren
600 ml Buttermilch
200 ml Mineralwasser (mit Kohlensäure)
4 Minzblätter
3 EL Honig

Zusätzlich wird benötigt:
1 Flasche mit weitem Hals à 1 l

Nährwerte p. P.

129 kcal
23 g Kohlenhydrate
1 g Fett
7 g Eiweiß

1 Die Beeren mit einer Gabel von der Rispe entnehmen. Mit dem Honig in eine große Flasche mit weitem Flaschenhals geben.

2 Die Minze waschen, trocken schütteln und in feine Streifen schneiden. Buttermilch, Mineralwasser sowie die Minzstreifen zu den Johannisbeeren in die Flasche geben. Das Ganze zwei Stunden im Kühlschrank lagern.

3 Vor dem Trinken die Flasche mit geschlossenem Deckel zwei- oder dreimal umdrehen, damit sich alles vermengt.

ROSA POWERELIXIER

2 Port.

10 Min.

Leicht

Zutaten

150 g Erdbeeren
200 ml Milch
1 Banane
1 EL Himbeersirup
1 TL Zitronensaft
50 g Sahne nach Belieben

Zusätzlich wird benötigt:
1 hoher Becher
1 Pürierstab

Nährwerte p. P.

240 kcal
23 g Kohlenhydrate
12 g Fett
5 g Eiweiß

1 Die Erdbeeren waschen und von den Kelchen befreien. Die Banane schälen und in kleine Stücke schneiden.

2 Die Früchte, Zitronensaft sowie Sirup in einen hohen Becher füllen. Den Inhalt nun mit dem Stabmixer pürieren. Danach die Milch und eventuell Sahne hinzugeben. Das Ganze nochmals schaumig pürieren.

ORANGEN-MELONEN-EISTEE

4 Port.

1 Tag

Leicht

Zutaten

300 g Melone (etwa ¼ Cantaloupe- oder Honigmelone)
500 ml Orangensaft
2 Beutel Rooibos-Vanilletee
2 EL Vollrohrzucker
1 EL Zitronensaft

Zusätzlich wird benötigt:
1 Gefäß
(1 Kugelausstecher)
Eiswürfelformen

Nährwerte p. P.

105 kcal
23 g Kohlenhydrate
11 g Fett
1 g Eiweiß

1 Etwa 125 ml Orangensaft in Eiswürfelformen geben. Diese über Nacht ca. zwölf Stunden gefrieren lassen.

2 Die Teebeutel in einem Gefäß mit 375 ml heißem Wasser übergießen. Den Tee etwa zehn Minuten ziehen lassen und die Teebeutel entfernen. Der Zucker süßt das Ganze. Danach das Getränk abkühlen lassen.

3 Die Melone von den Kernen befreien, das Fruchtfleisch herausschneiden und in eine Schüssel legen. Dies kann mittels Kugelausstecher oder per Würfelung erfolgen. Die Melonenstücke mit dem Zitronensaft beträufeln.

4 Den Tee sowie den restlichen Orangensaft im Gefäß mischen. Dazu die Melonenstücke geben. Aber erst durch die Eiswürfel wird es Eistee.

HIMBEER-COLADA

4 Port.

15 Min.

Leicht

Zutaten

400 g Kokosmilch, ungesüßt (Dose)
300 g Naturjoghurt
250 g Himbeeren
125 ml Ananassaft
8 Eiswürfel
2 Limetten
6 TL Honig (flüssig)

Zusätzlich wird benötigt:
1 Standmixer

Nährwerte p. P.

150 kcal
24 g Kohlenhydrate
4 g Fett
4 g Eiweiß

1 Die Limetten heiß waschen, abtrocknen, die Schale abreiben und anschließend halbieren. Eine Hälfte in den Mixer pressen. Die andere Hälfte in Spalten schneiden.

2 Die Himbeeren waschen, verlesen und in den Standmixer geben. Den Ananassaft zu dem Limettensaft in den Mixer geben. Das Ganze nun fein pürieren.

3 Die restlichen Zutaten bis auf die Limettenspalten nun ebenfalls in den Mixer gegeben. Alles erneut pürieren, bis das Getränk schön schaumig ist.

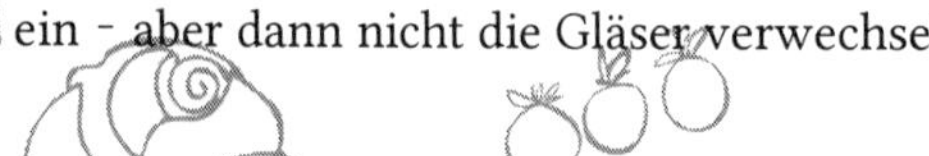

Tipp: Als Upgrade für die Erwachsenen kommt noch 8 cl brauner Rum hinein – aber dann nicht die Gläser verwechseln.

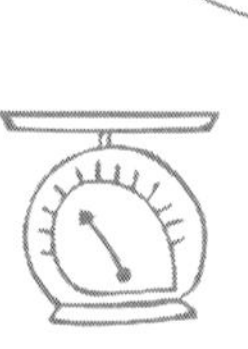

SCHÜTTELLIMO

1 l

10 Min.

Leicht

Zutaten

600 ml Mineralwasser (still sowie gekühlt)
6 Blätter Zitronenmelisse
Saft von 2 Zitronen
2 Kiwis
2 Minigurken
1 Handvoll Eiswürfel

Zusätzlich wird benötigt:
1 Standmixer
1 Flasche mit weitem Hals à 1 l

Nährwerte p. P.

27 kcal
5 g Kohlenhydrate
1 g Fett
1 g Eiweiß

1 Die Kiwis schälen und in kleine Stücke schneiden. Die Gurken waschen, trocknen und ebenso klein schneiden. Die Zitronenmelisse waschen, trocknen und in Streifen schneiden. Von jeder Zutat ein wenig zur Seite legen.

2 Im Standmixer die restlichen Fruchtstücke mit dem Zitronensaft sowie den Kräuterstreifen zerkleinern. Danach das Püree in die Flasche mit weitem Hals füllen.

3 Das Wasser auffüllen, die Eiswürfel dazugeben sowie die beiseitegelegten Zutaten als optisches Highlight hinzufügen. Die Flasche verschließen und unmittelbar vor dem Trinken kräftig schütteln.

ENERGIE-DRINK

4 Port.

10 Min.

Leicht

Zutaten

400 ml Tomatensaft
200 ml Möhrensaft
1 Salatgurke
1 Bund Dill
1 EL Olivenöl

Zusätzlich wird benötigt:
4 Gläser
1 Standmixer

Nährwerte p. P.

73 kcal
4 g Kohlenhydrate
5 g Fett
1 g Eiweiß

1 Den Dill waschen und trocken schütteln. Ein paar Zweige beiseitelegen, vom Rest die Spitzen zupfen und fein hacken. Die Gurke waschen, schälen und in Scheiben schneiden. Vier dicke Scheiben als spätere Garnierung zur Seite legen, die übrige Gurke grob stückeln.

2 Im Standmixer die beiden Säfte, Gurke sowie Dill pürieren. Dazu das Öl gießen und nochmals mixen. Das Getränk in die Gläser füllen. Auf den Saft die Dillspitzen streuen sowie eine Gurkenscheibe pro Glas an den Glasrand stecken.

FRUCHTSHAKE

4 Port. | 20 Min. | Leicht

Zutaten

1 kg Cantaloupe-Melone (etwa 1 Stück)
500 g Naturjoghurt
160 g Erdbeeren
4 Stängel Minze
4 EL Honig

Zusätzlich wird benötigt:
4 Gläser
1 Standmixer

Nährwerte p. P.

254 kcal
43 g Kohlenhydrate
5 g Fett
6 g Eiweiß

1 Die Melone schälen, halbieren und von den Kernen befreien. Das Fruchtfleisch anschließend würfeln. Die Erdbeeren waschen, auslesen und halbieren.

2 Im Mixer nun sämtliche Zutaten zu einem cremigen Shake pürieren. Die Minze waschen, trocken schütteln sowie die Blätter abzupfen. Den Fruchtshake in die Gläser füllen und mit den Minzblättern dekorieren.